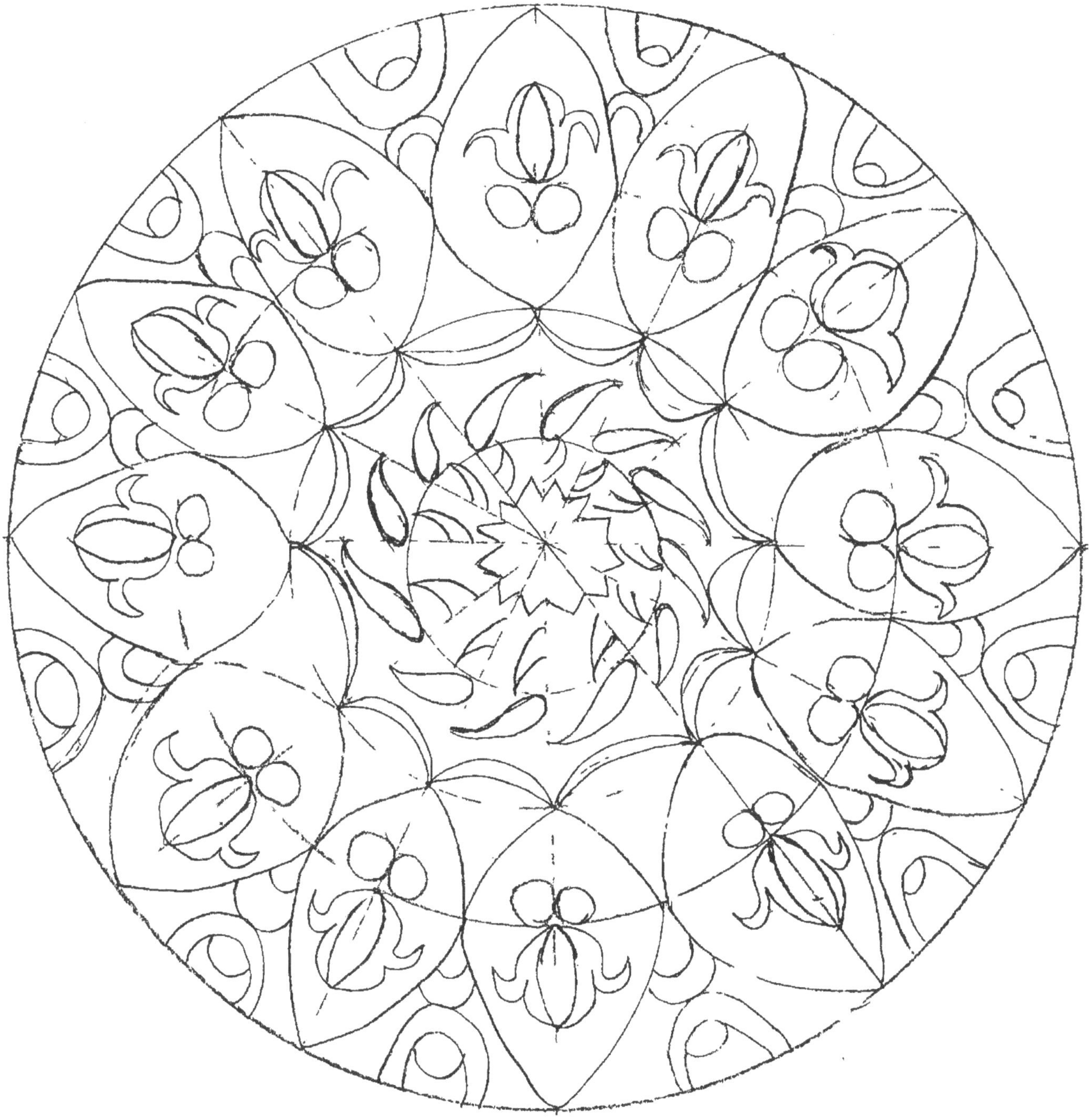

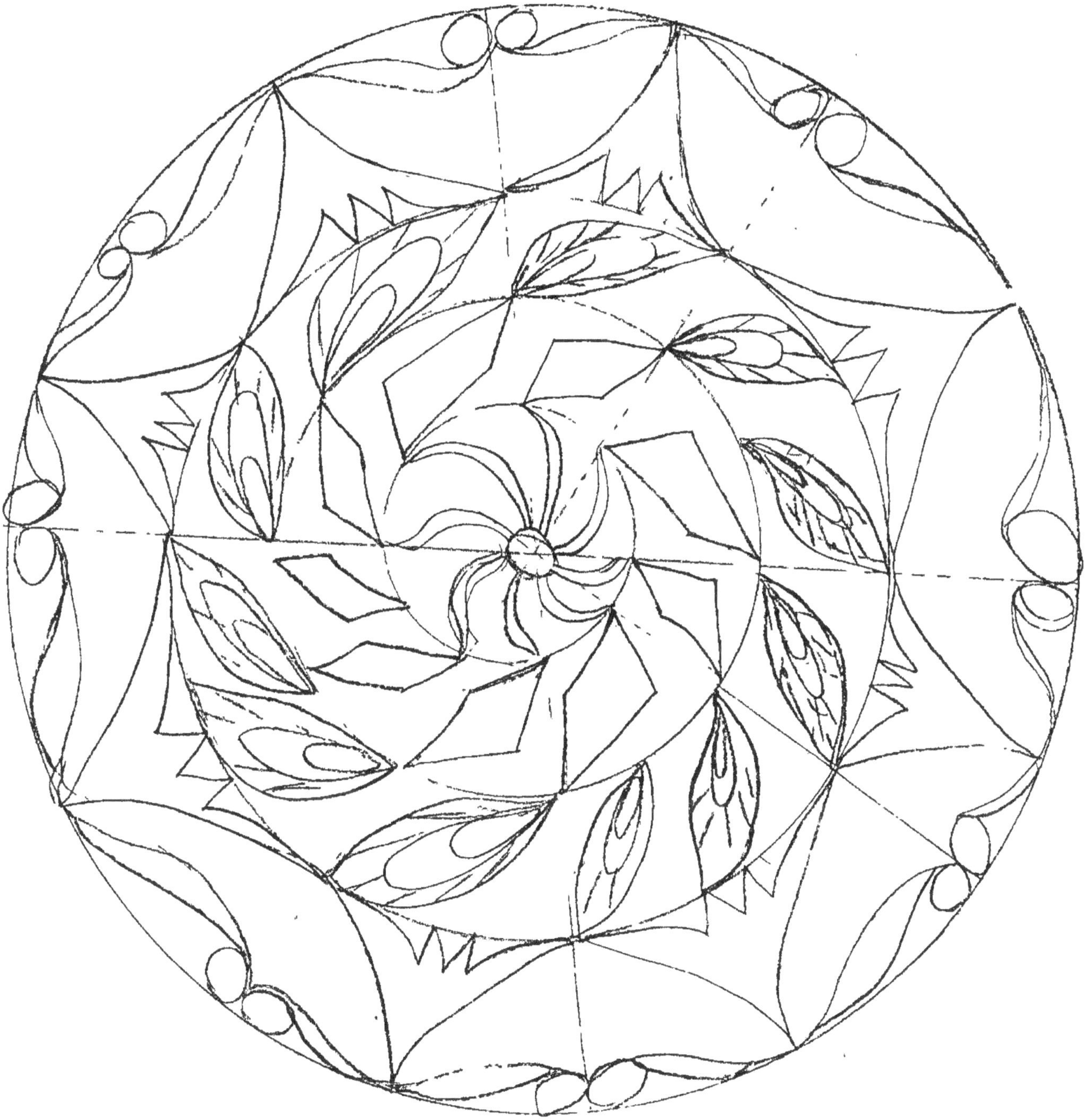

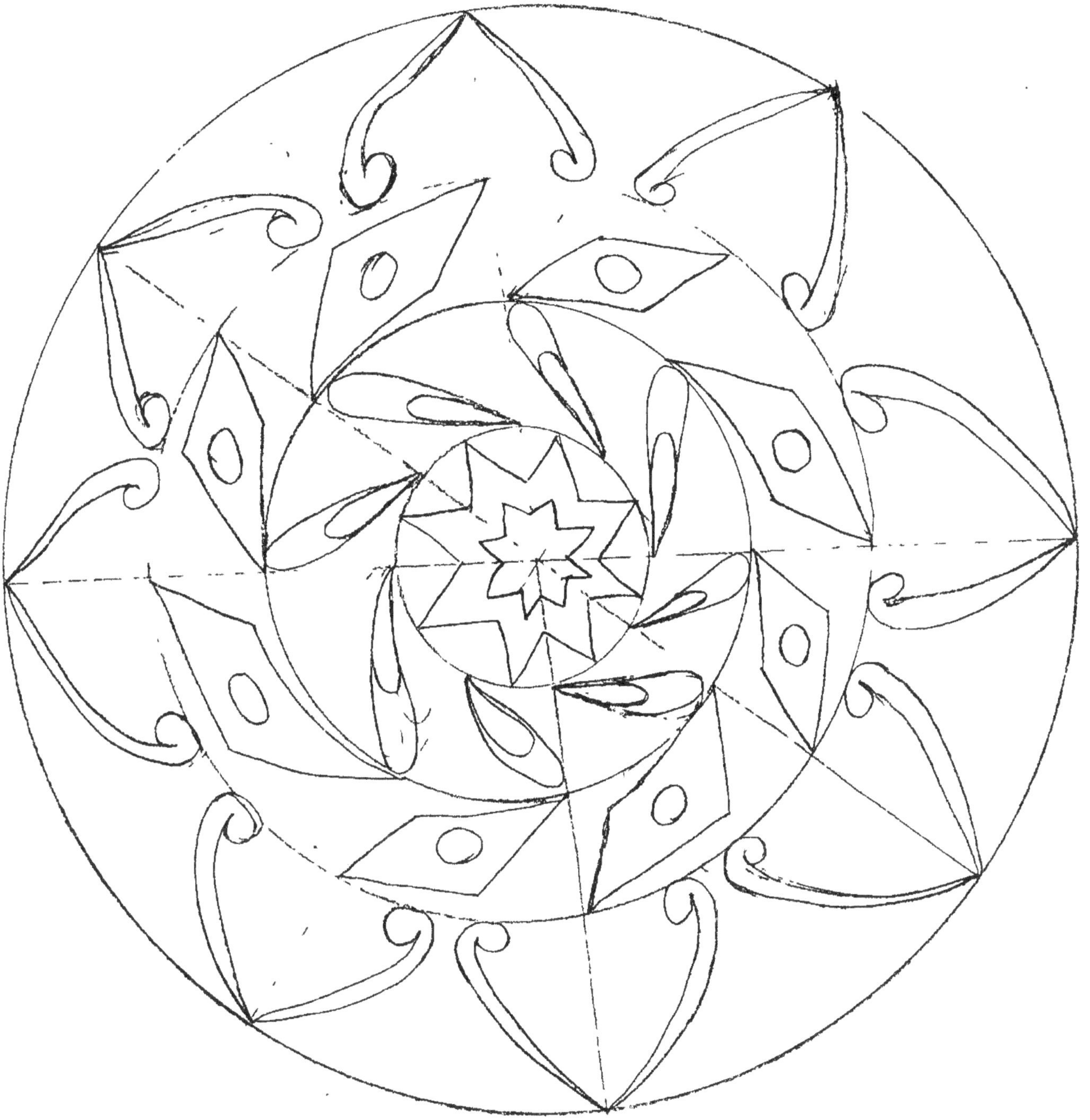

ooo

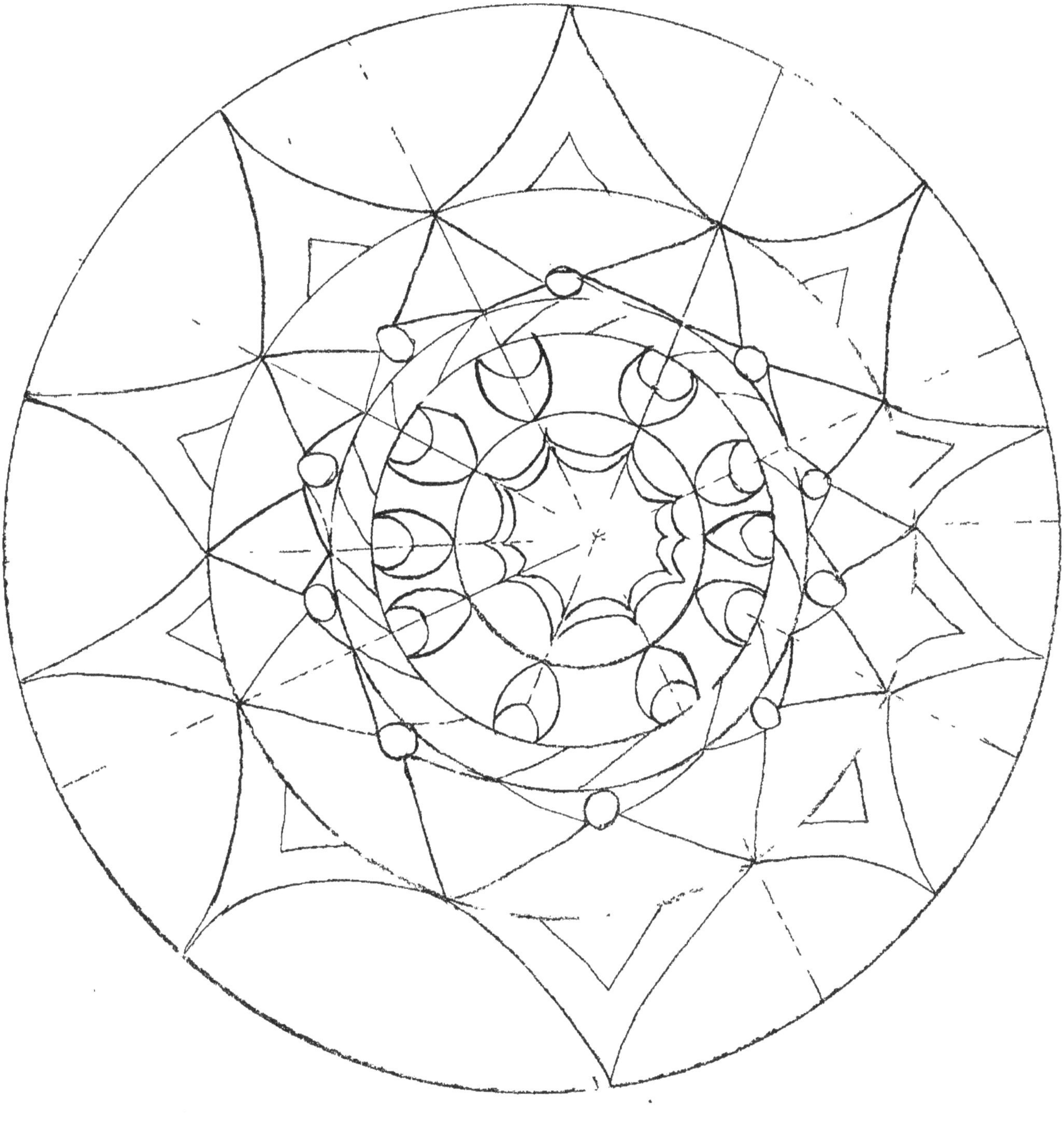

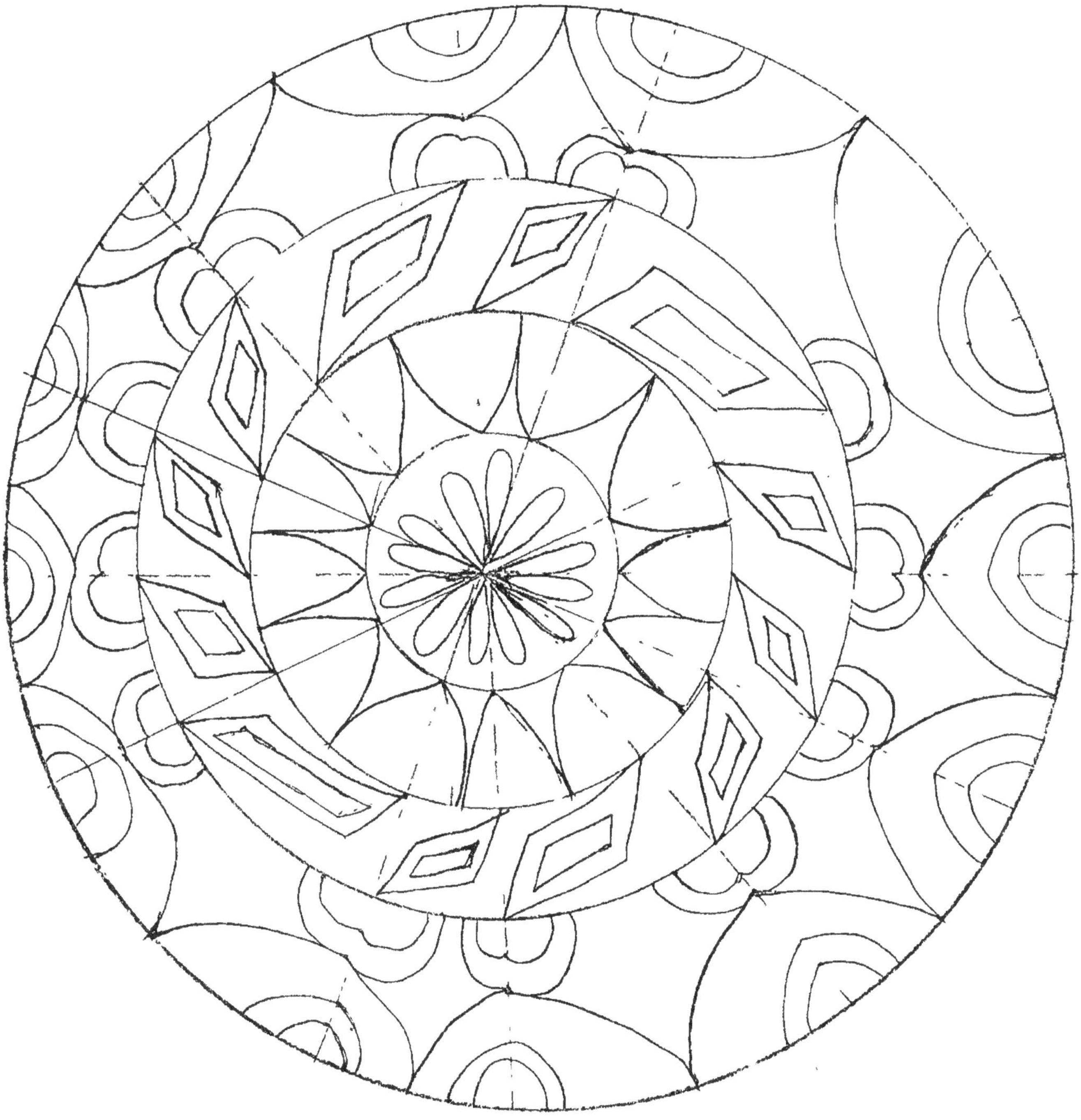

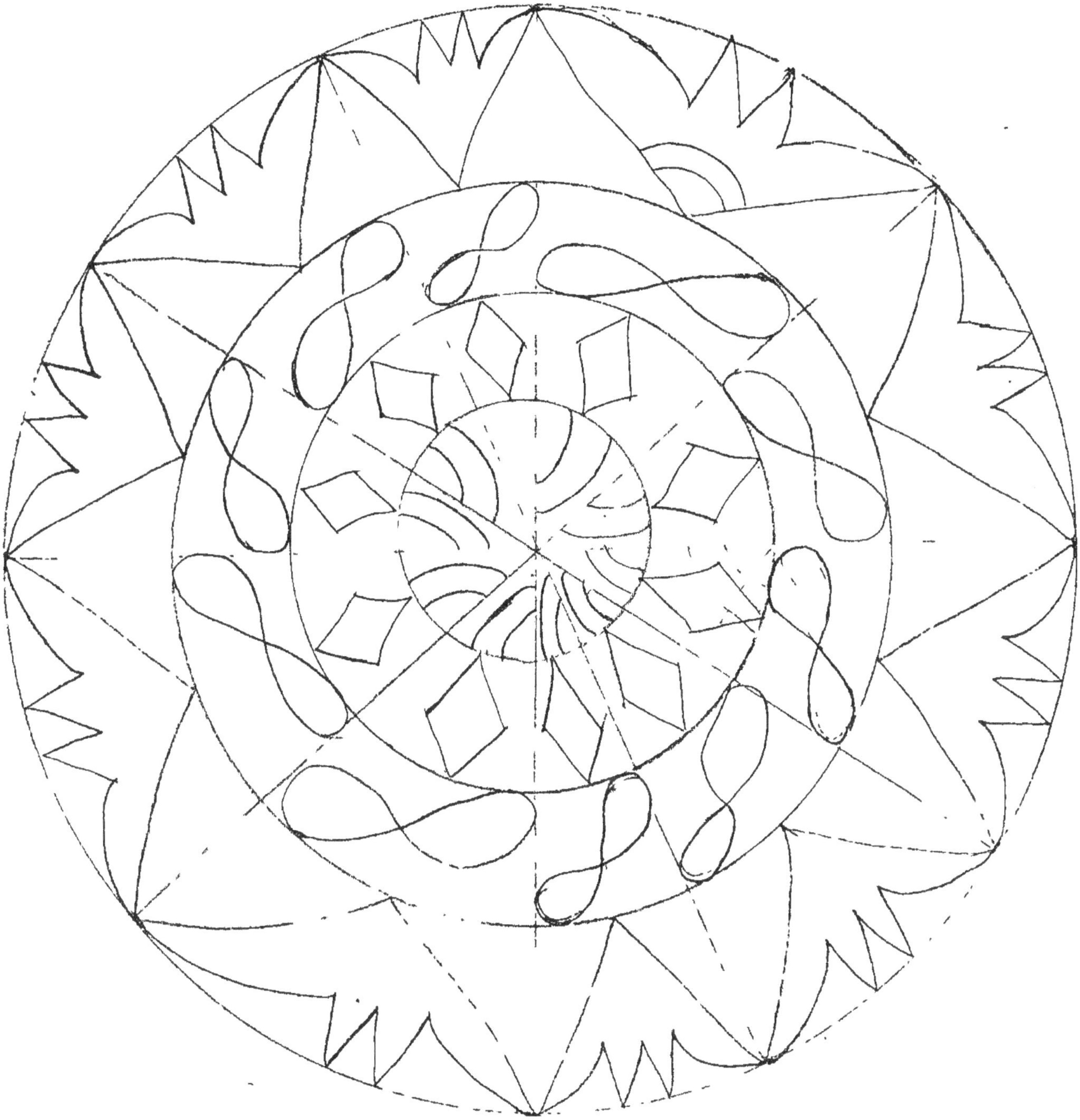

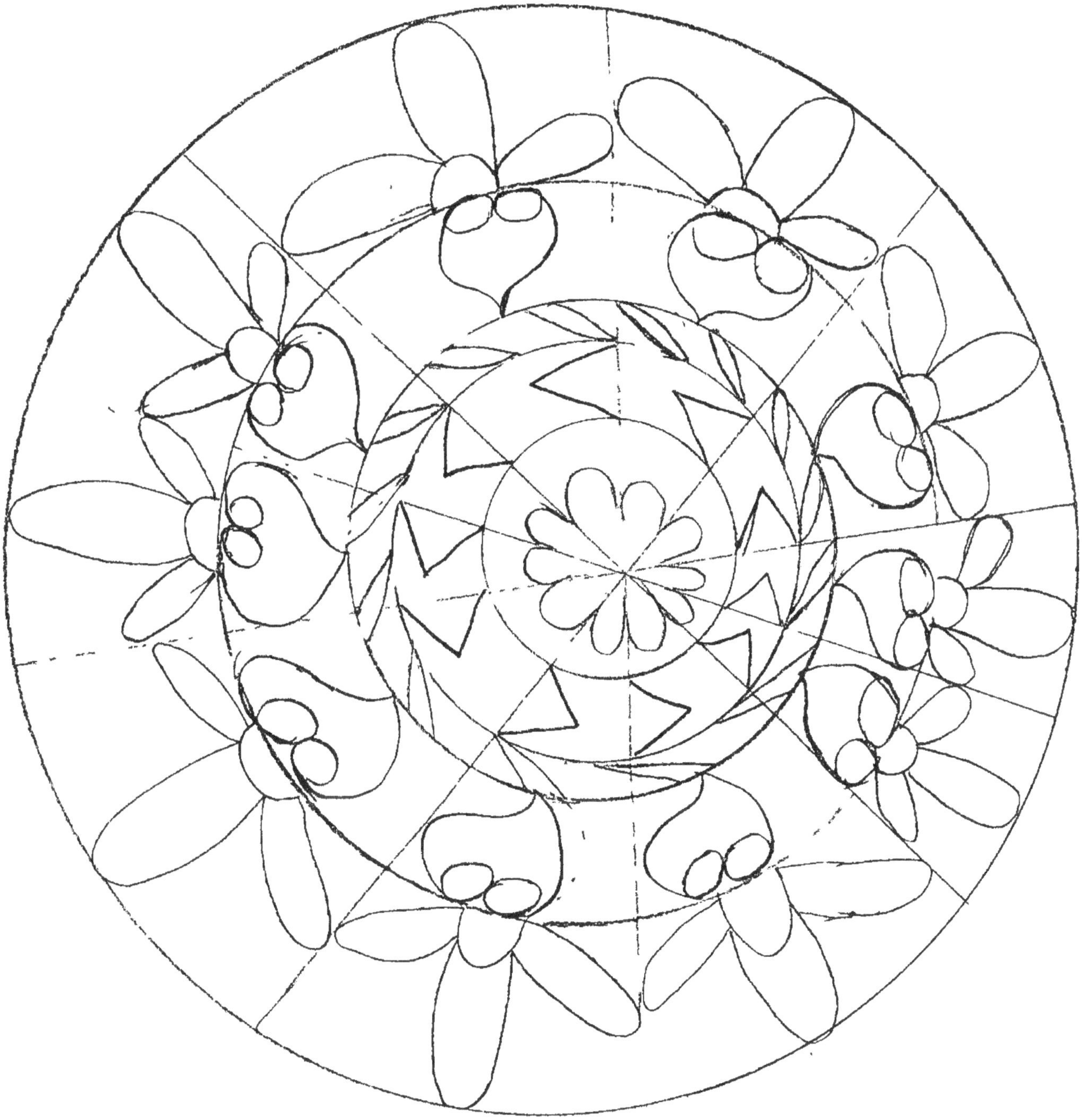

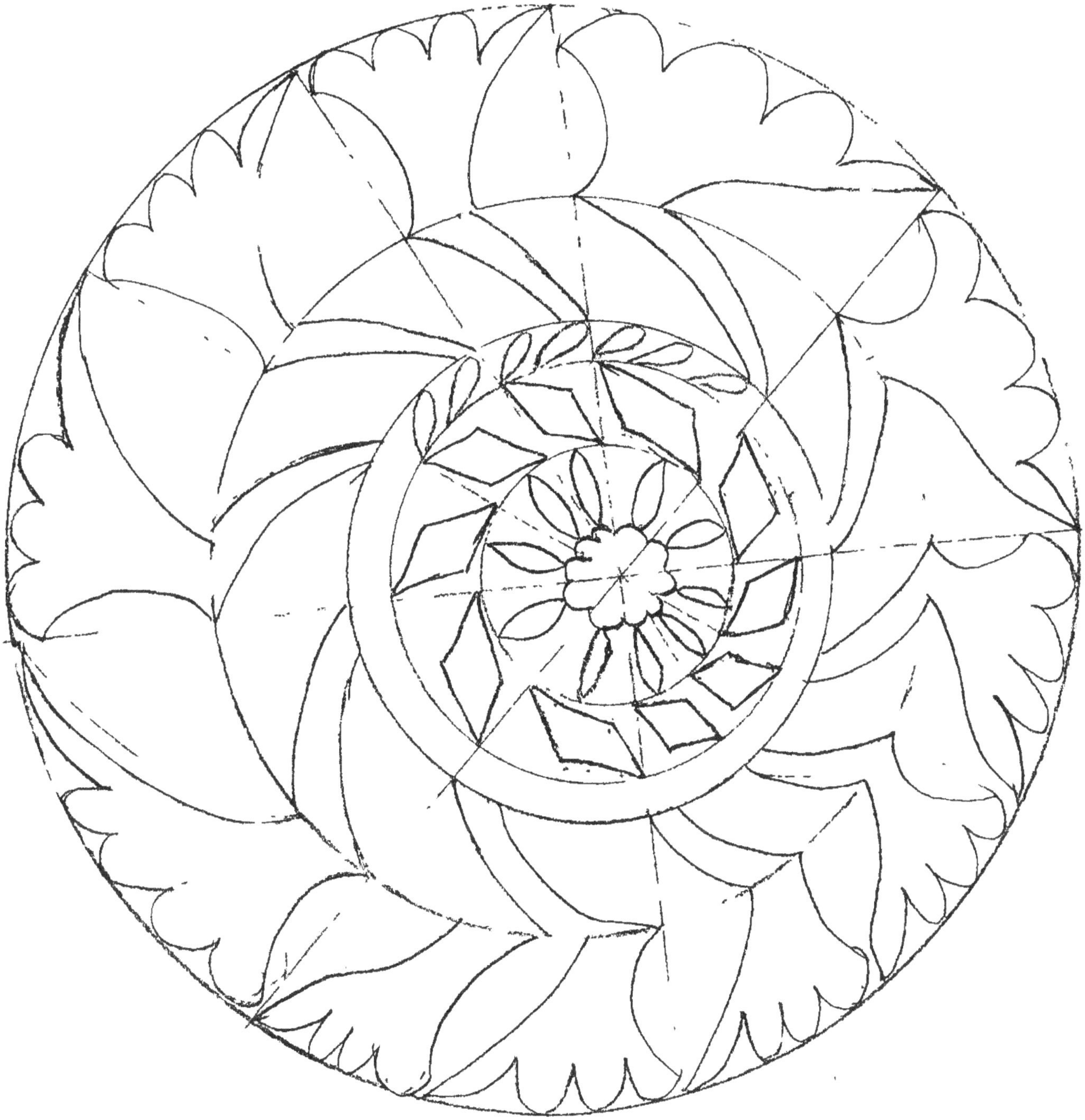

OOO

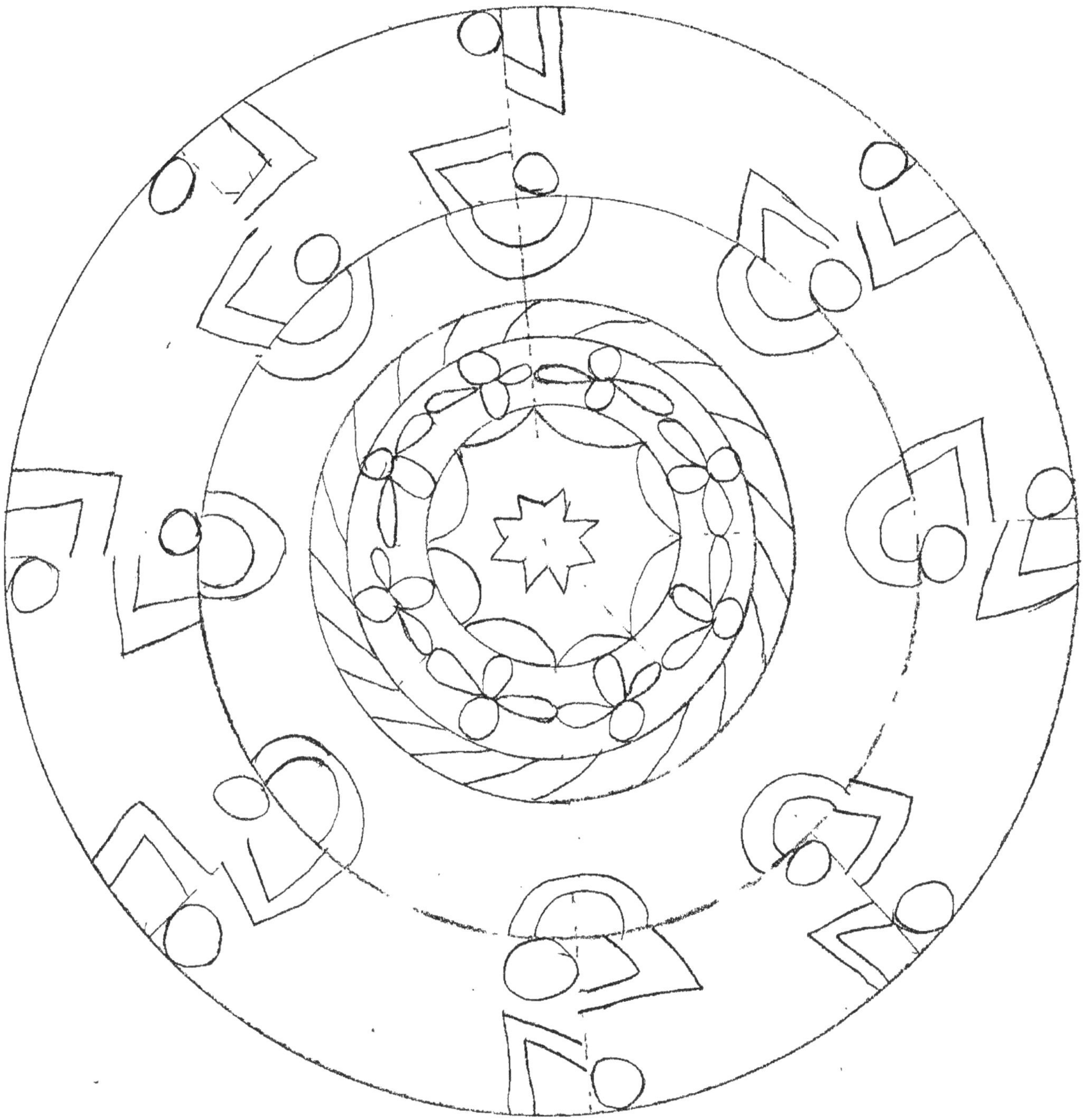

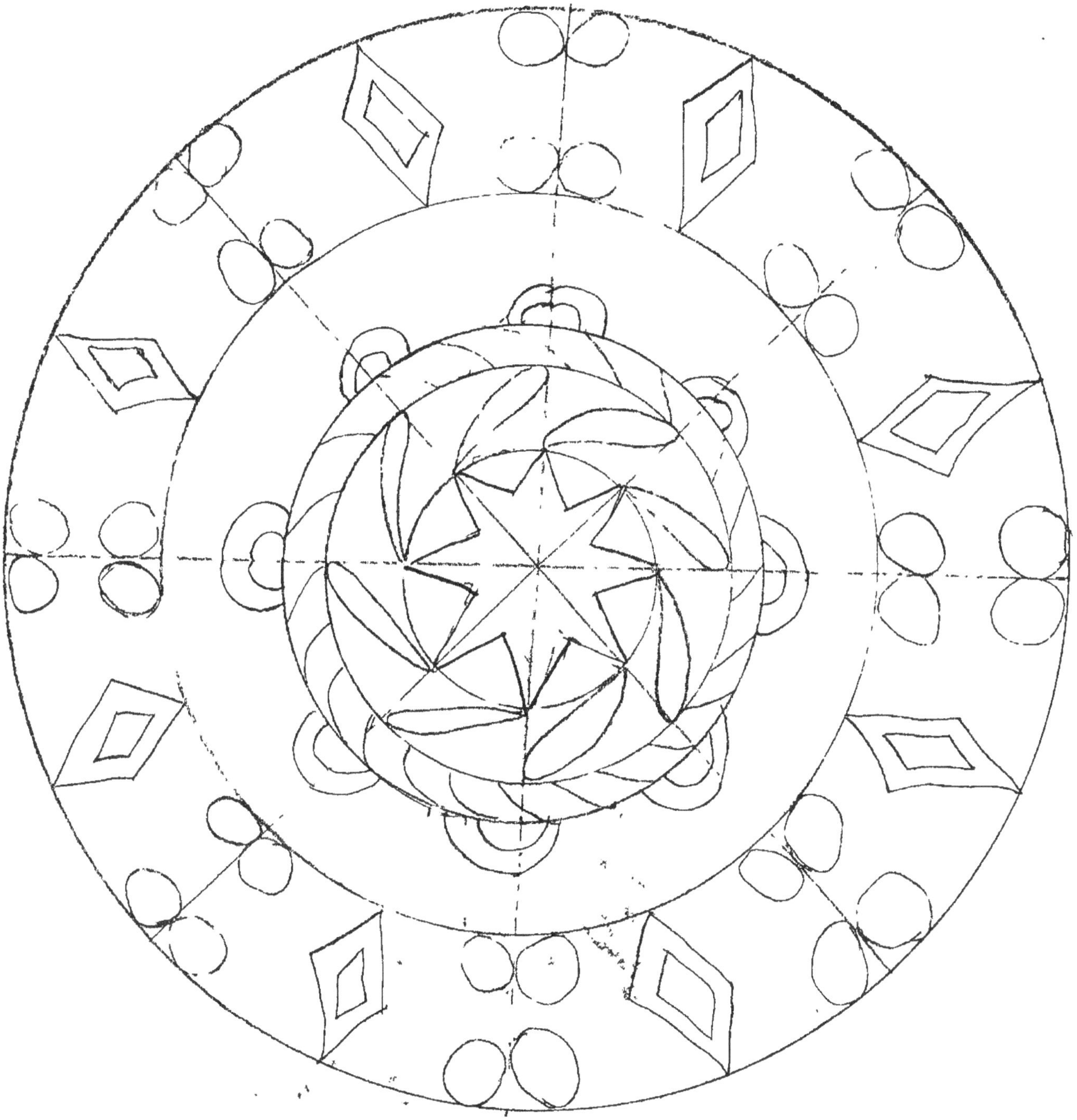

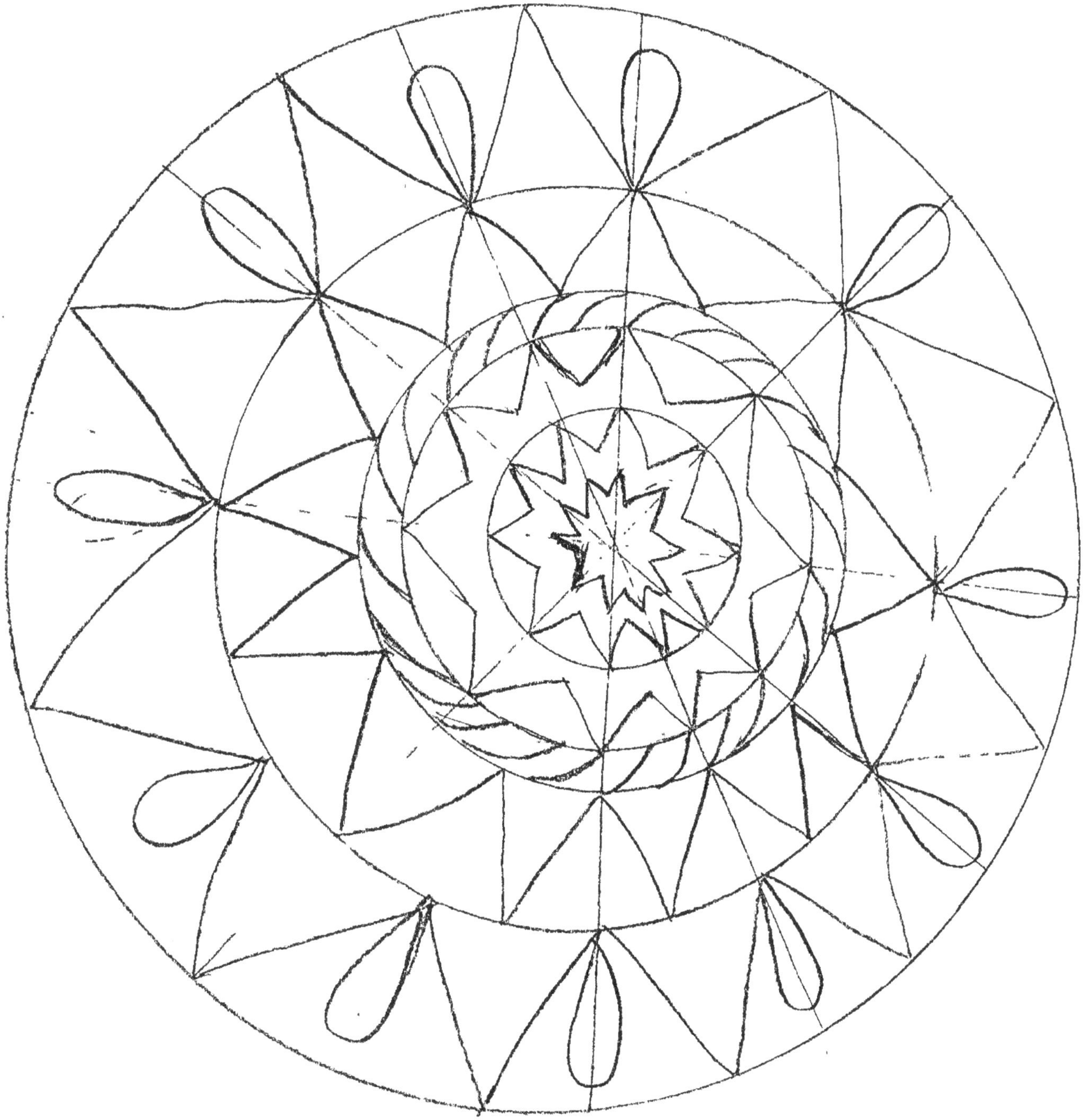

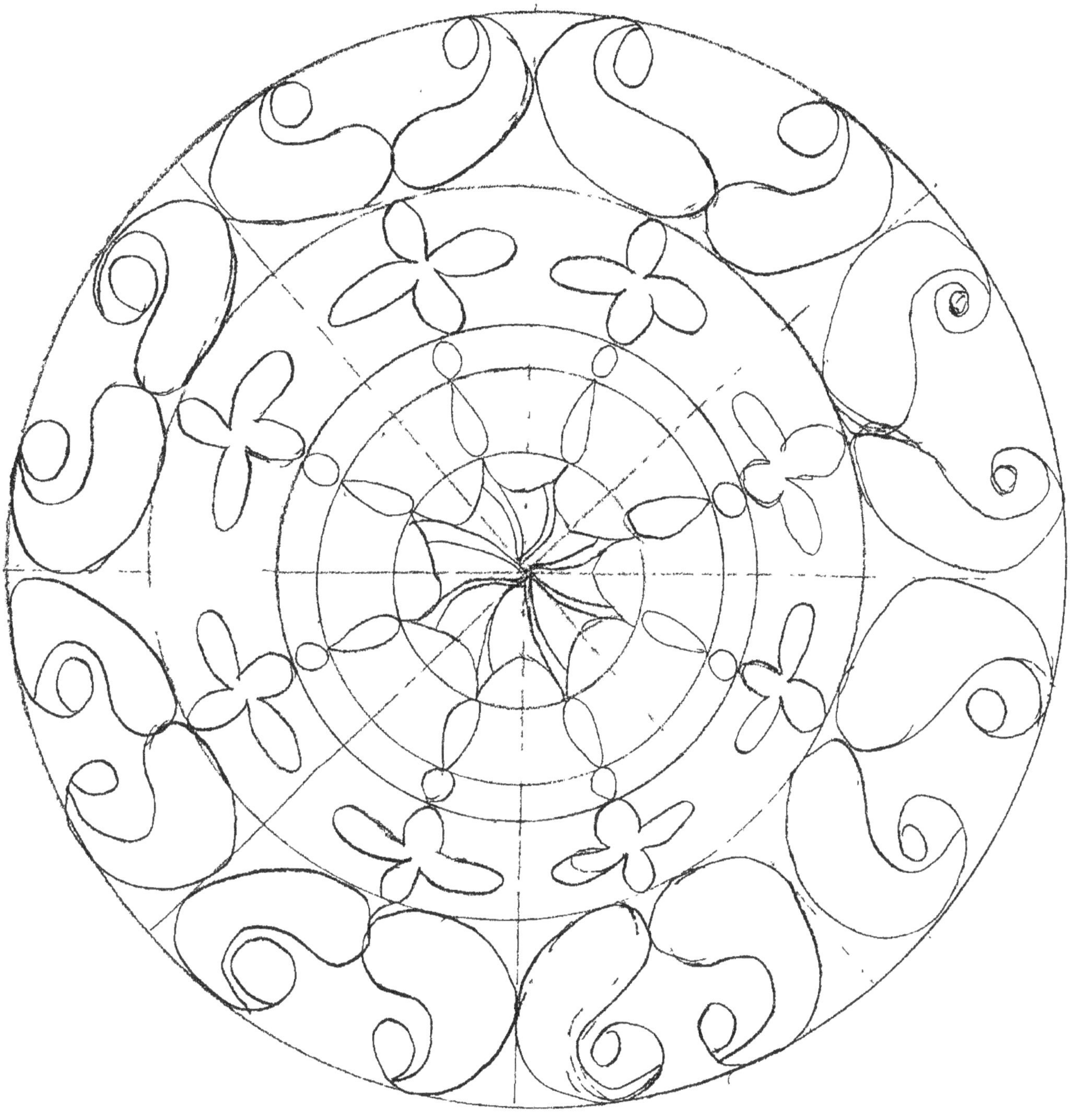

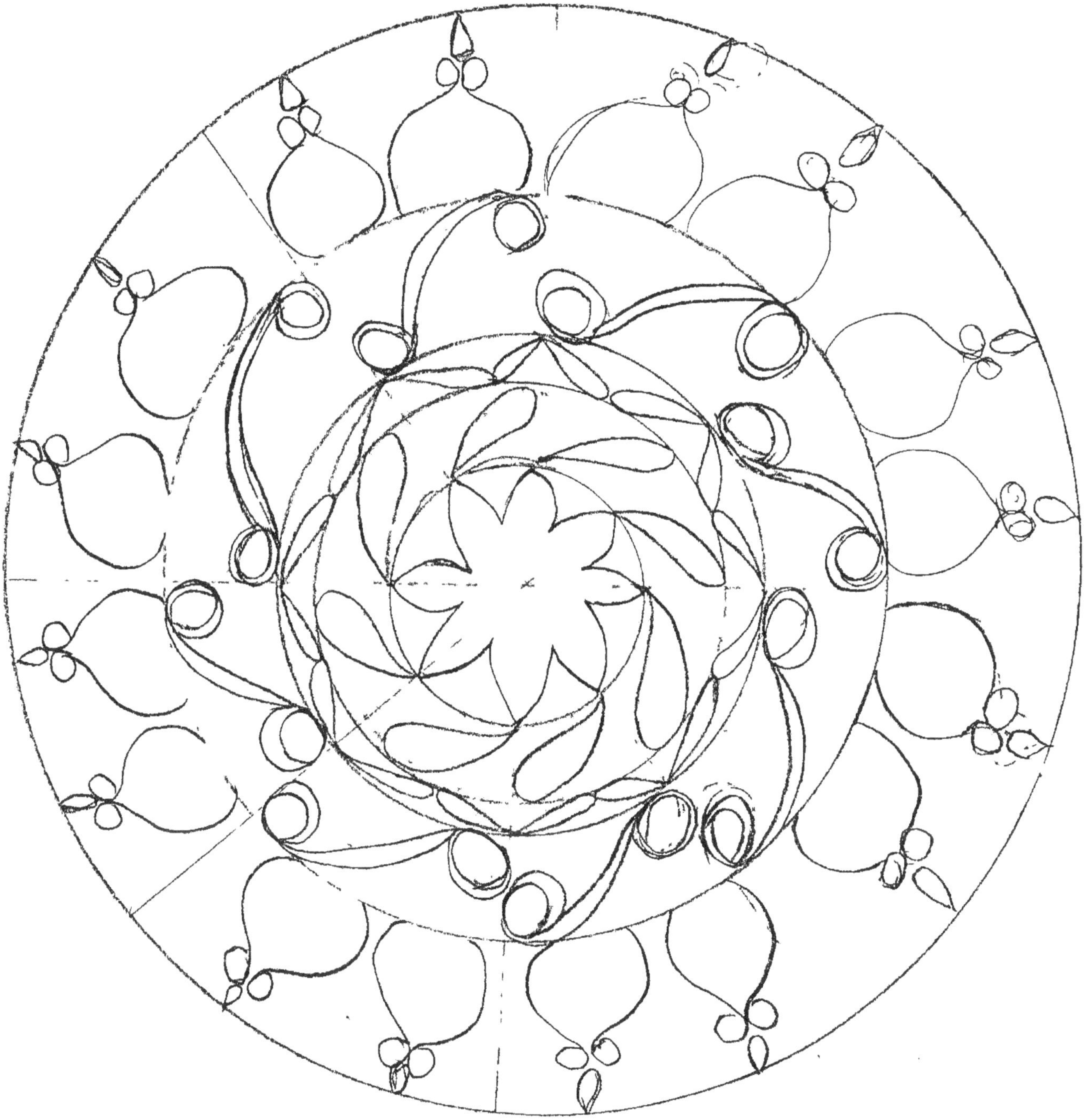

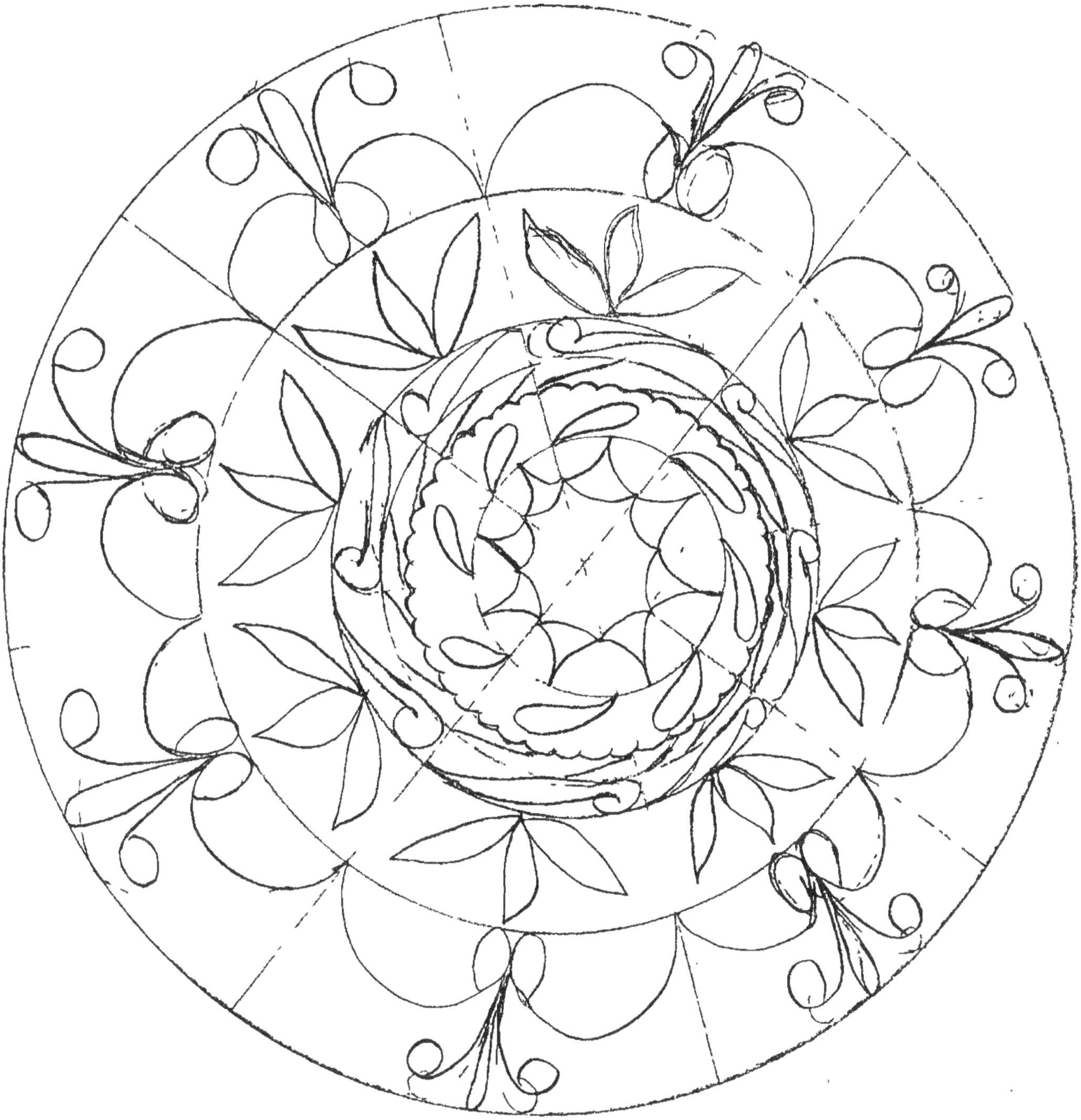

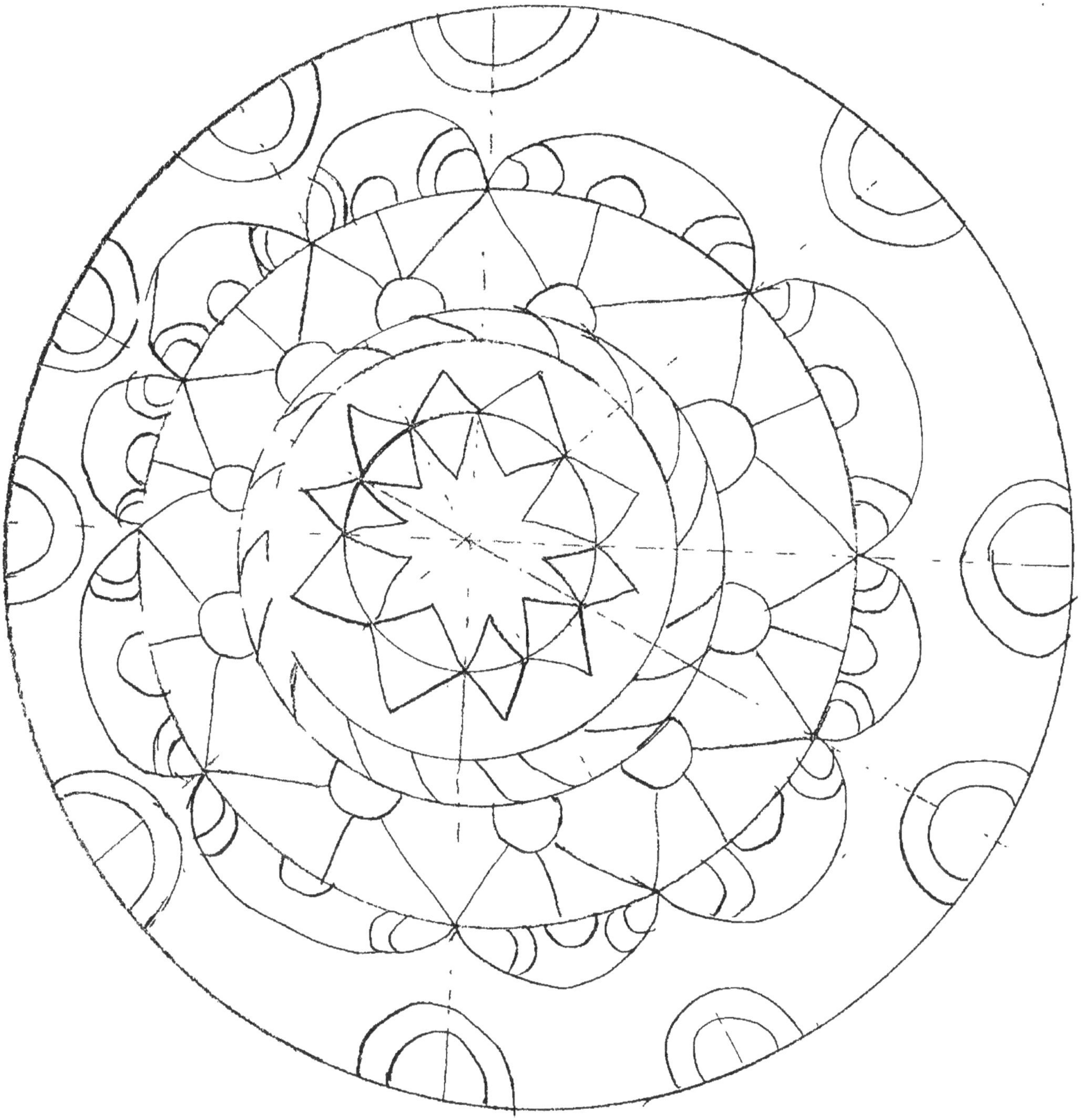

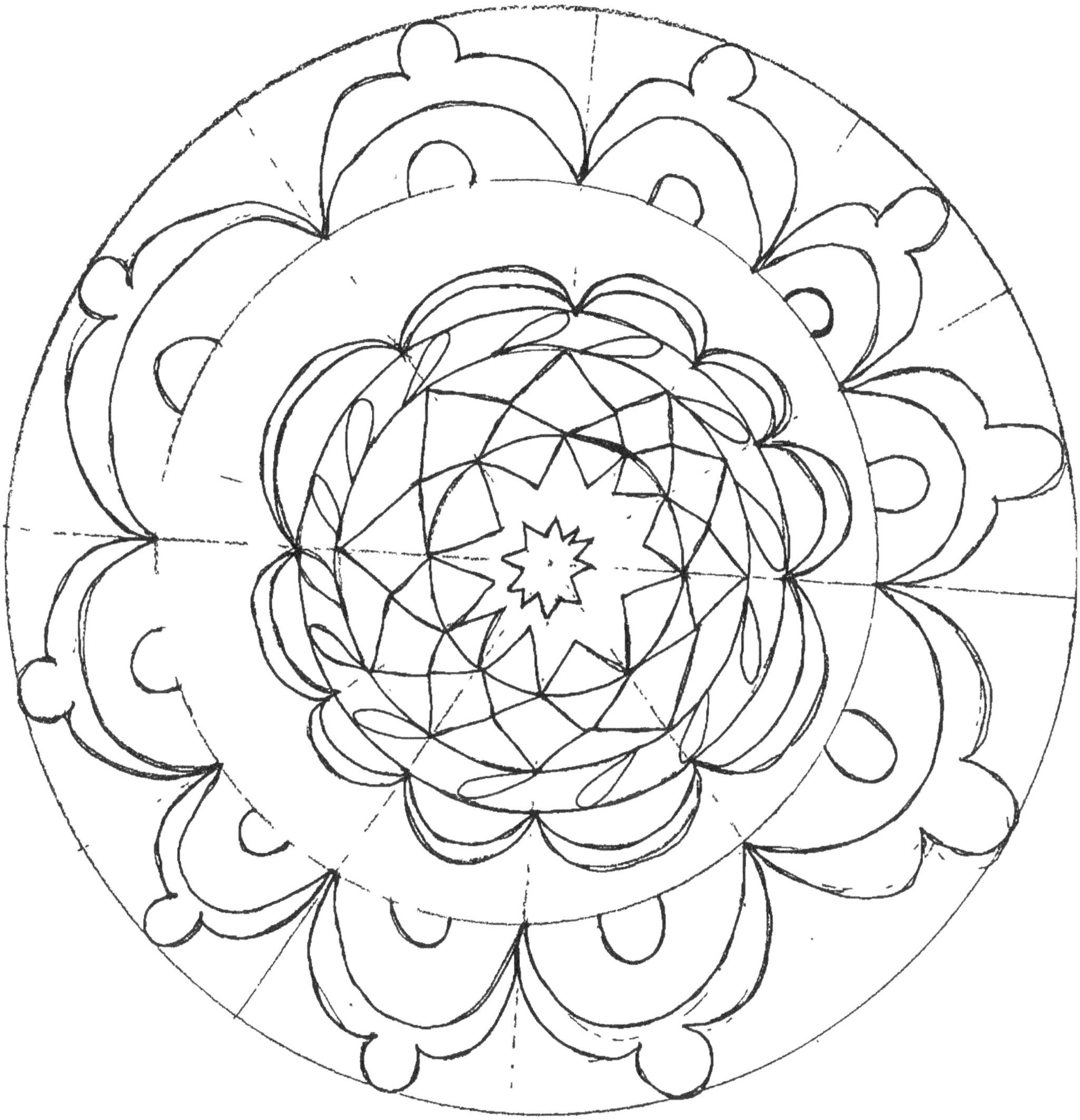

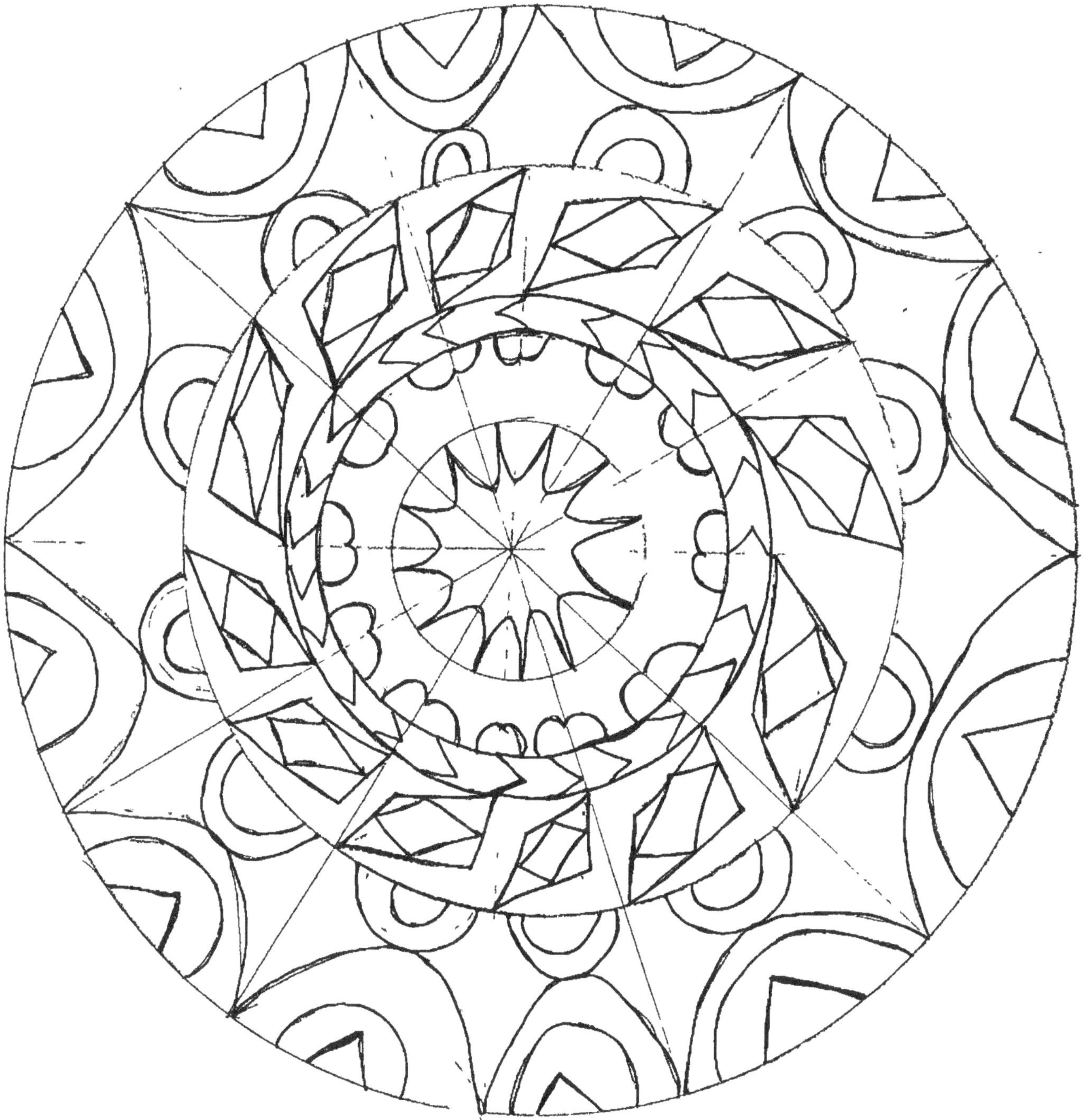

OOO

OOO

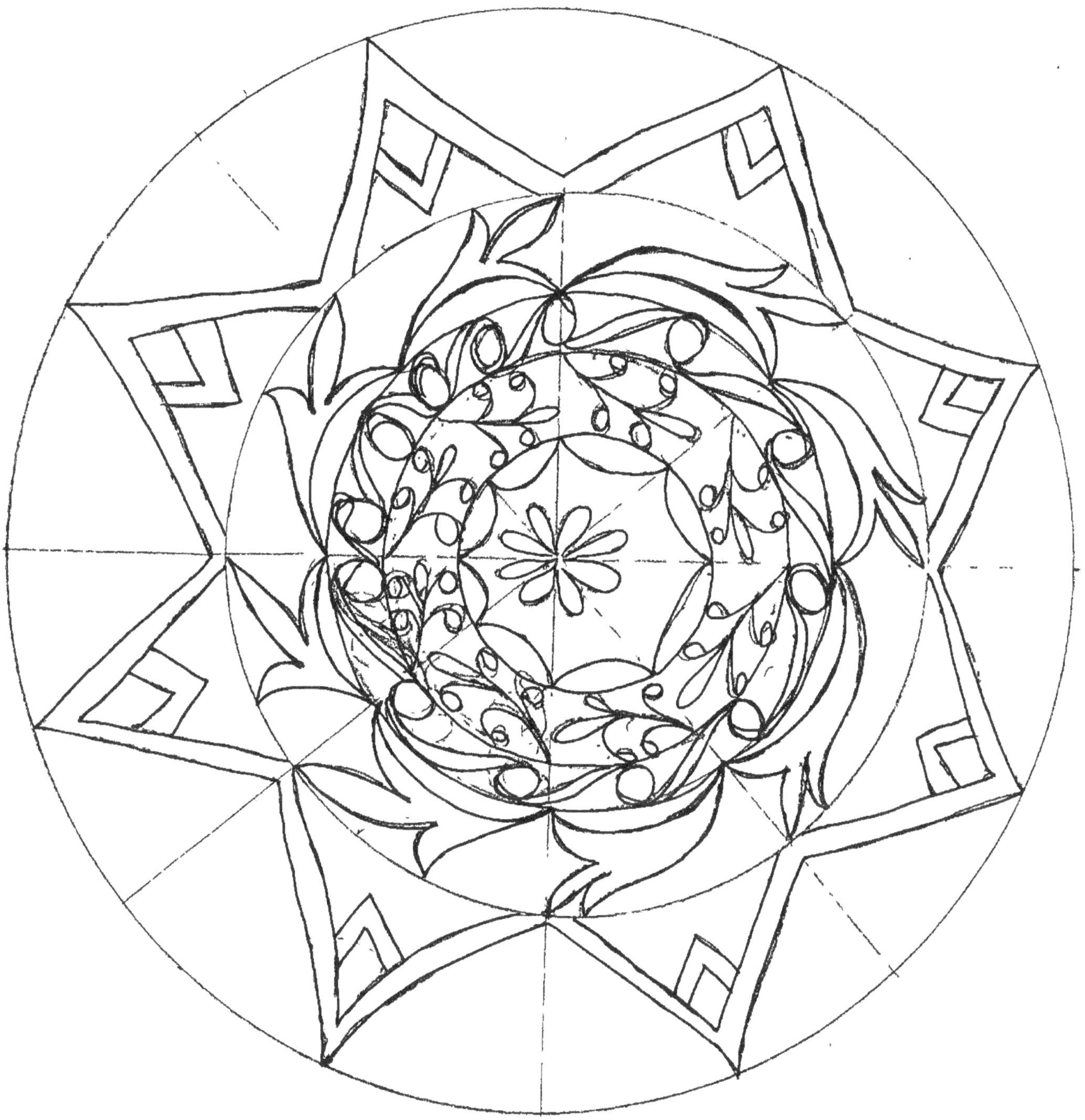

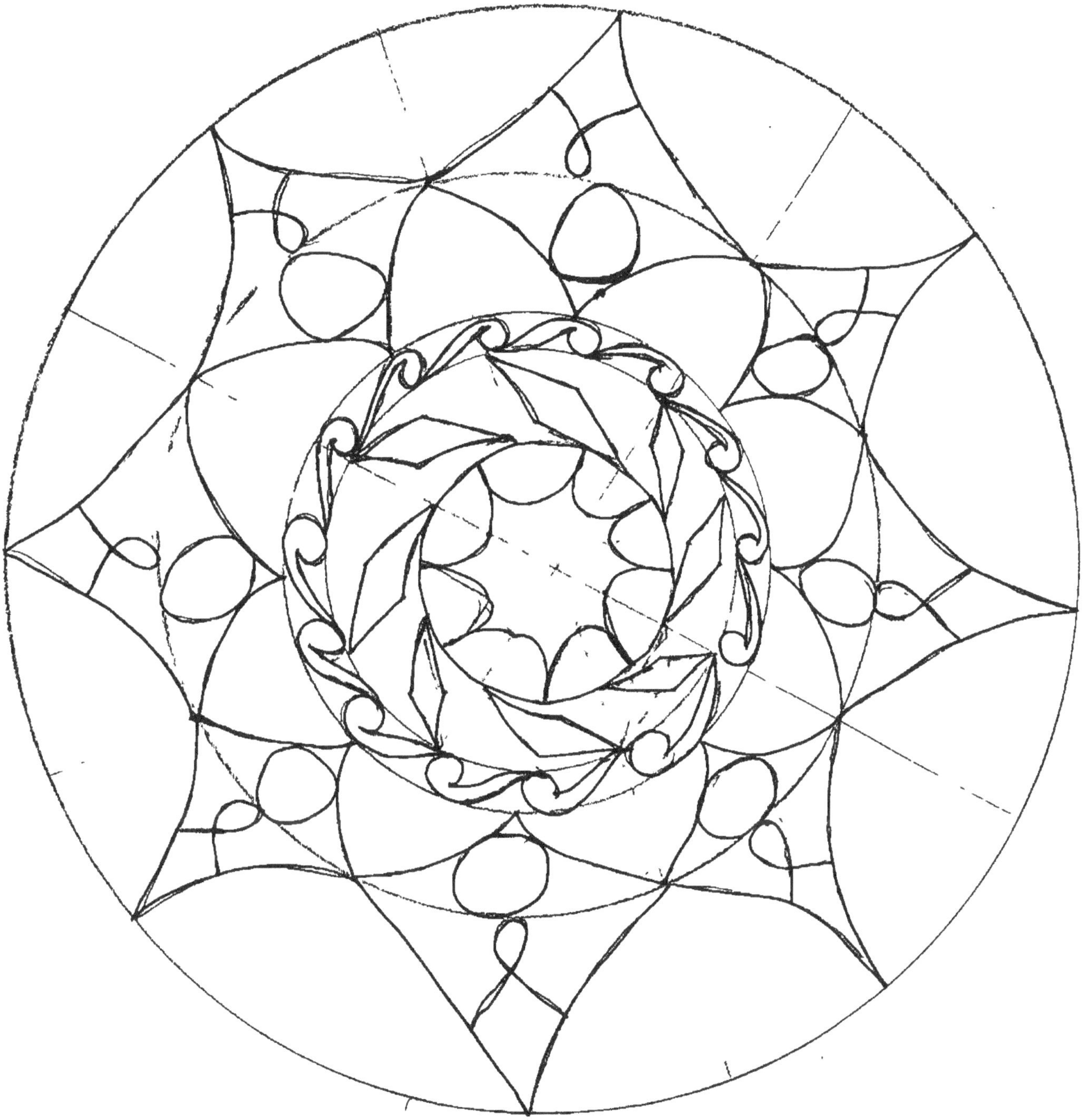

OOO

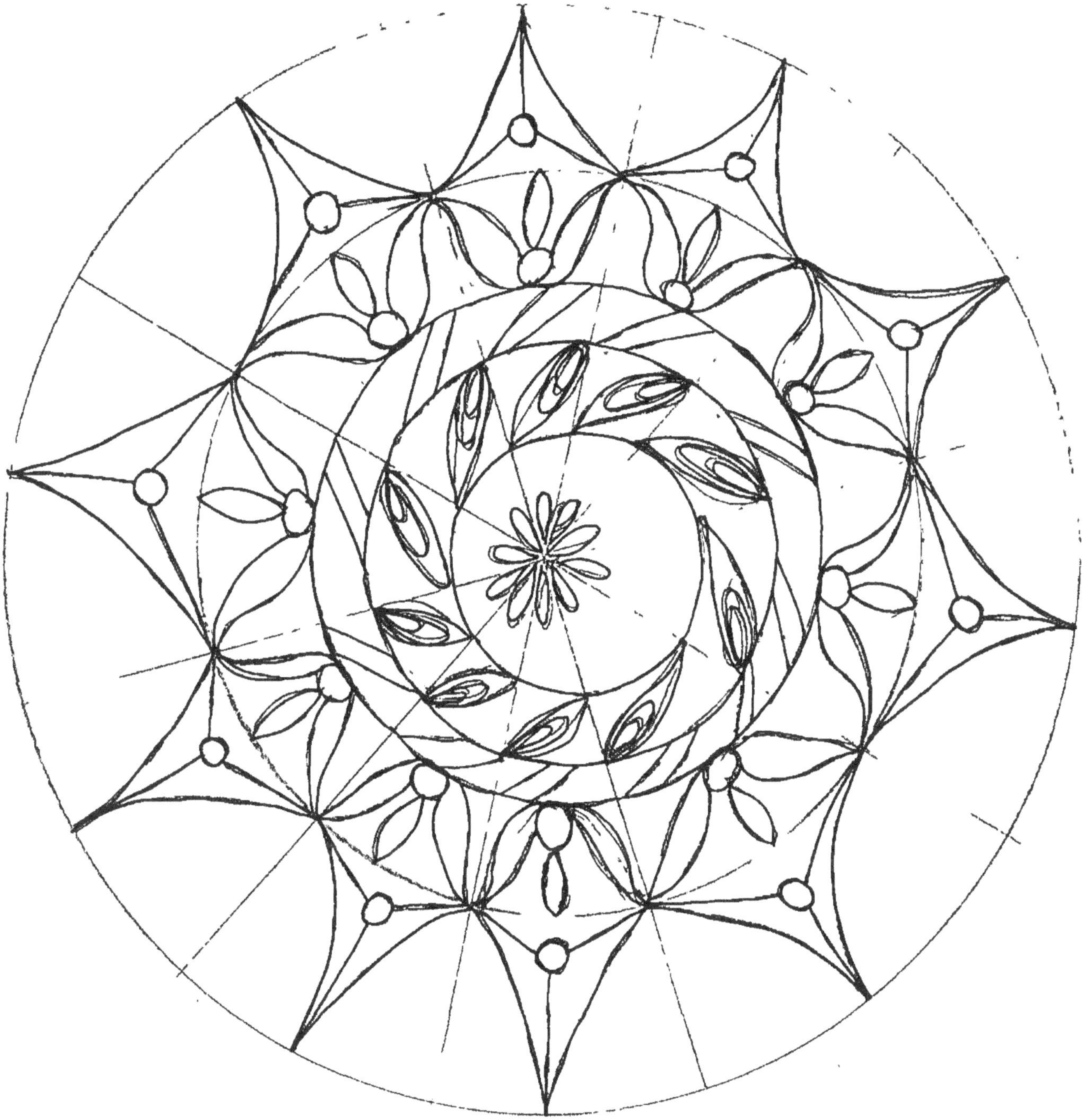

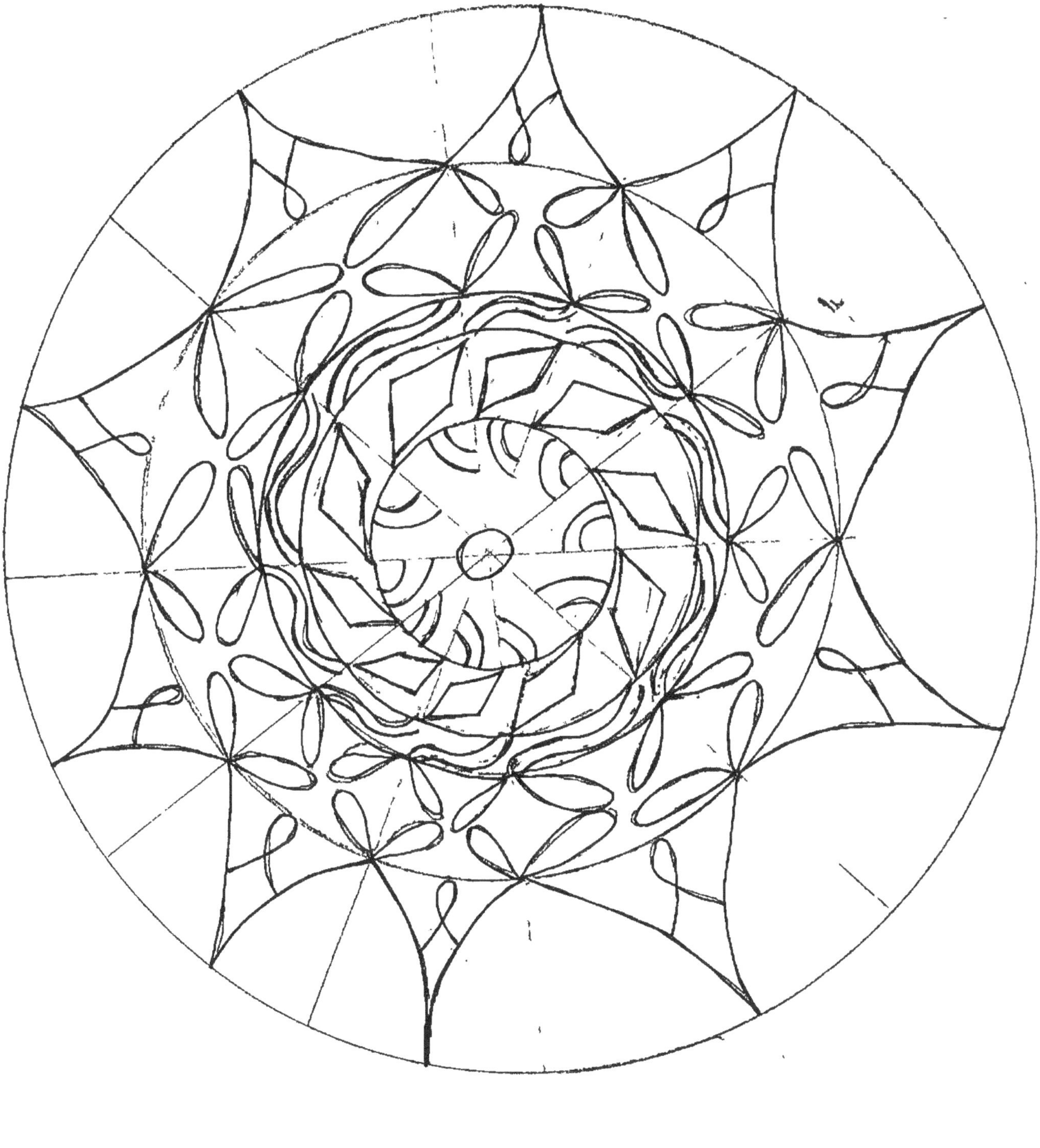

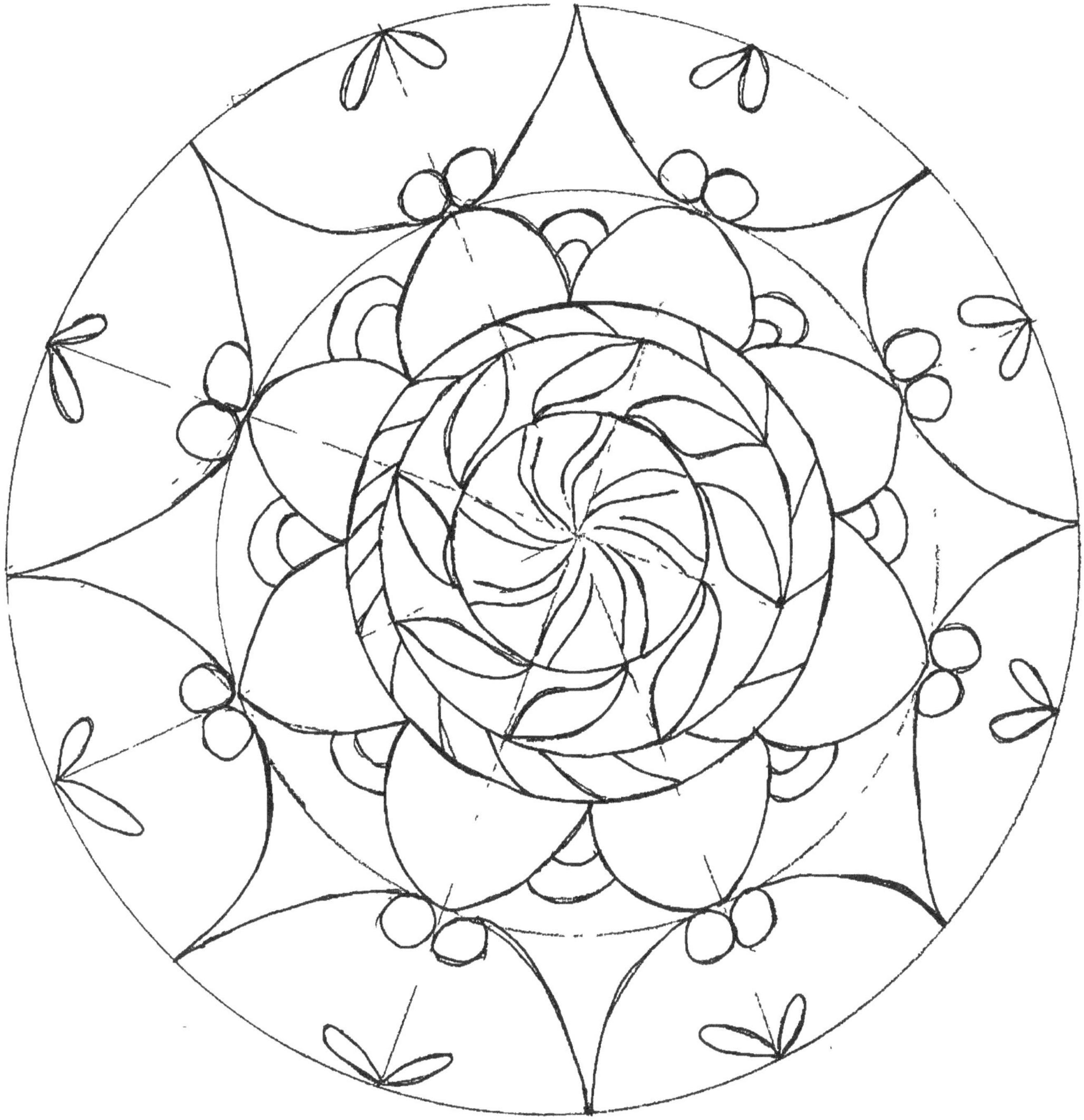

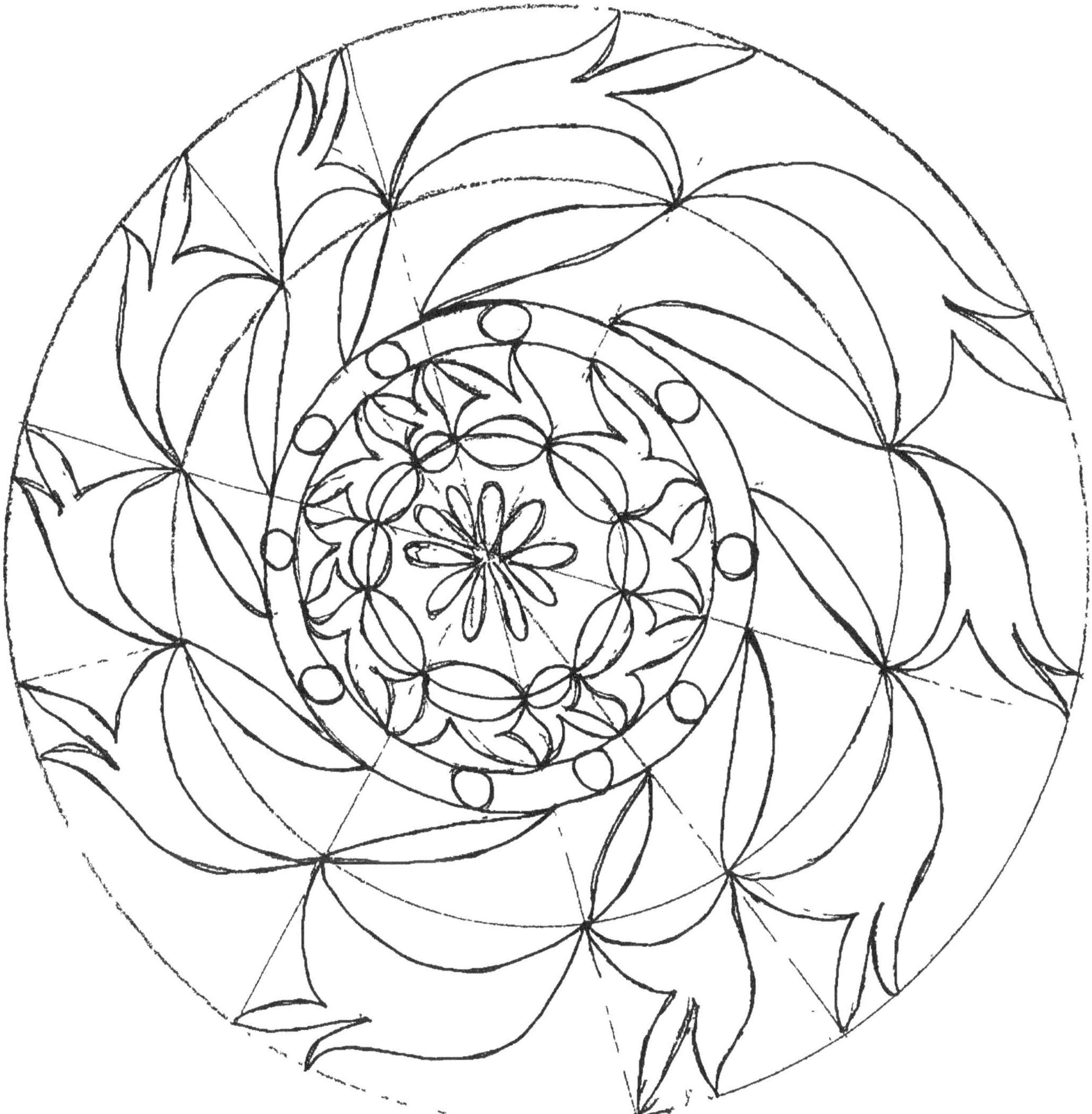

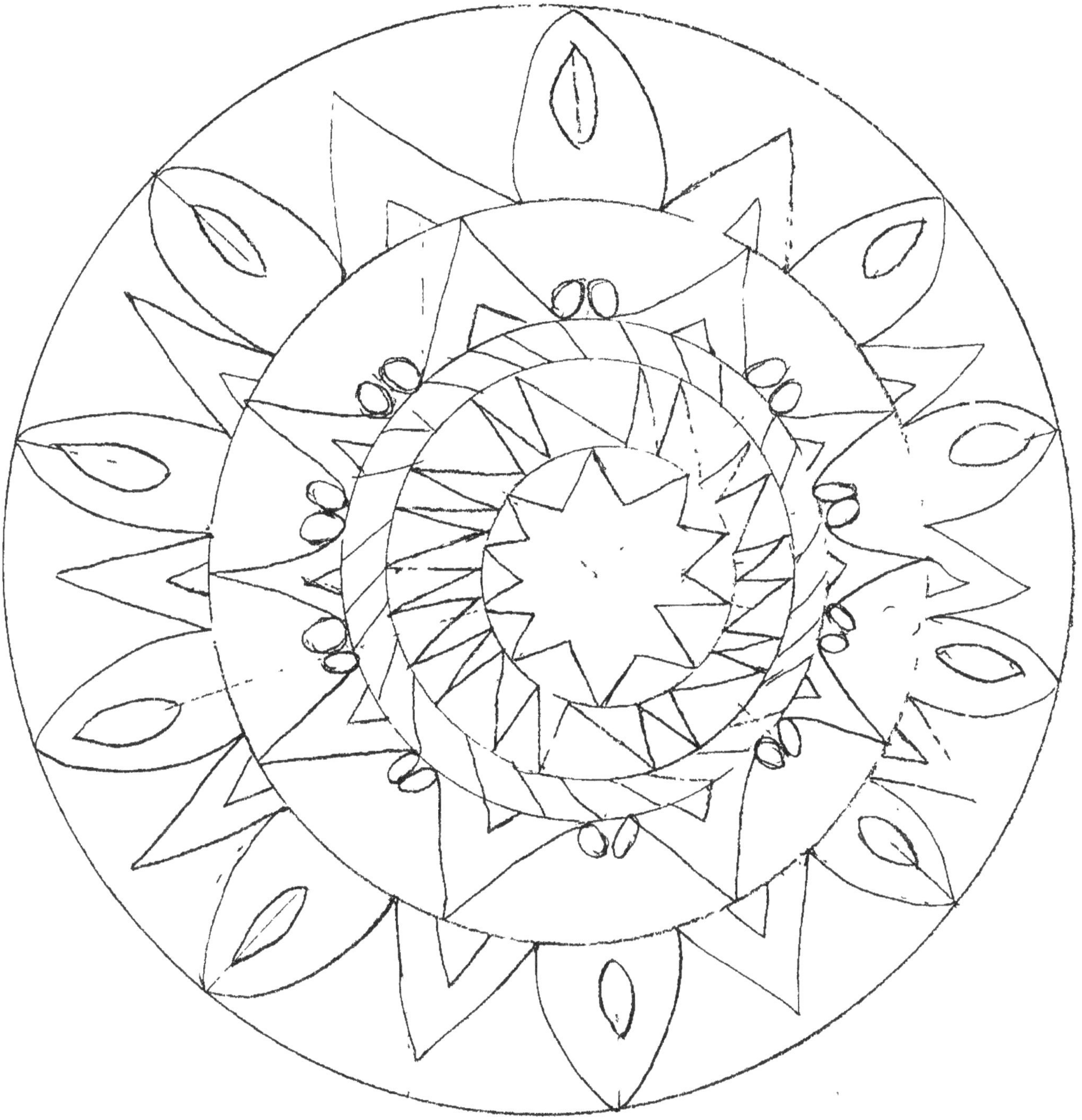

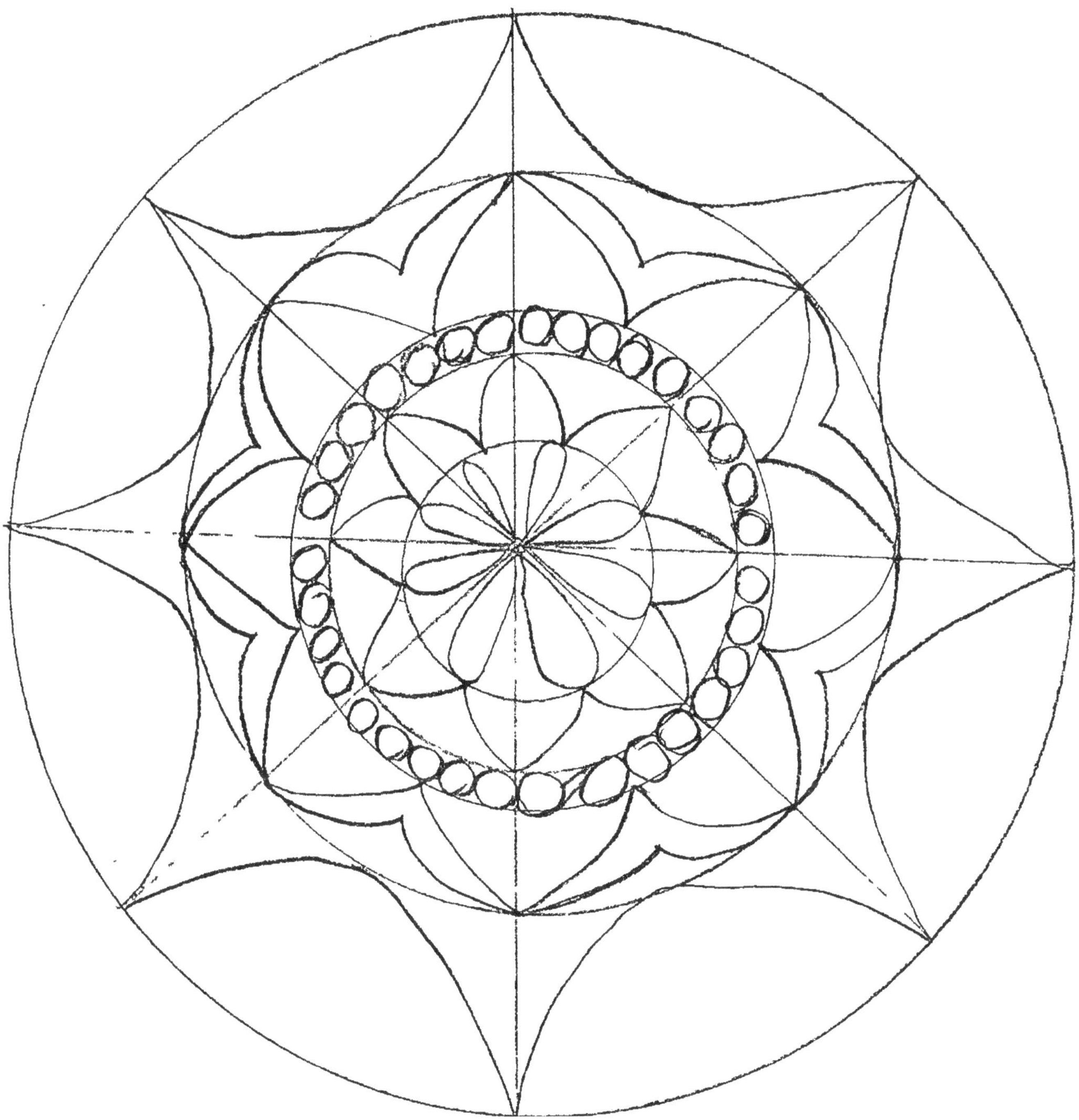

ooo

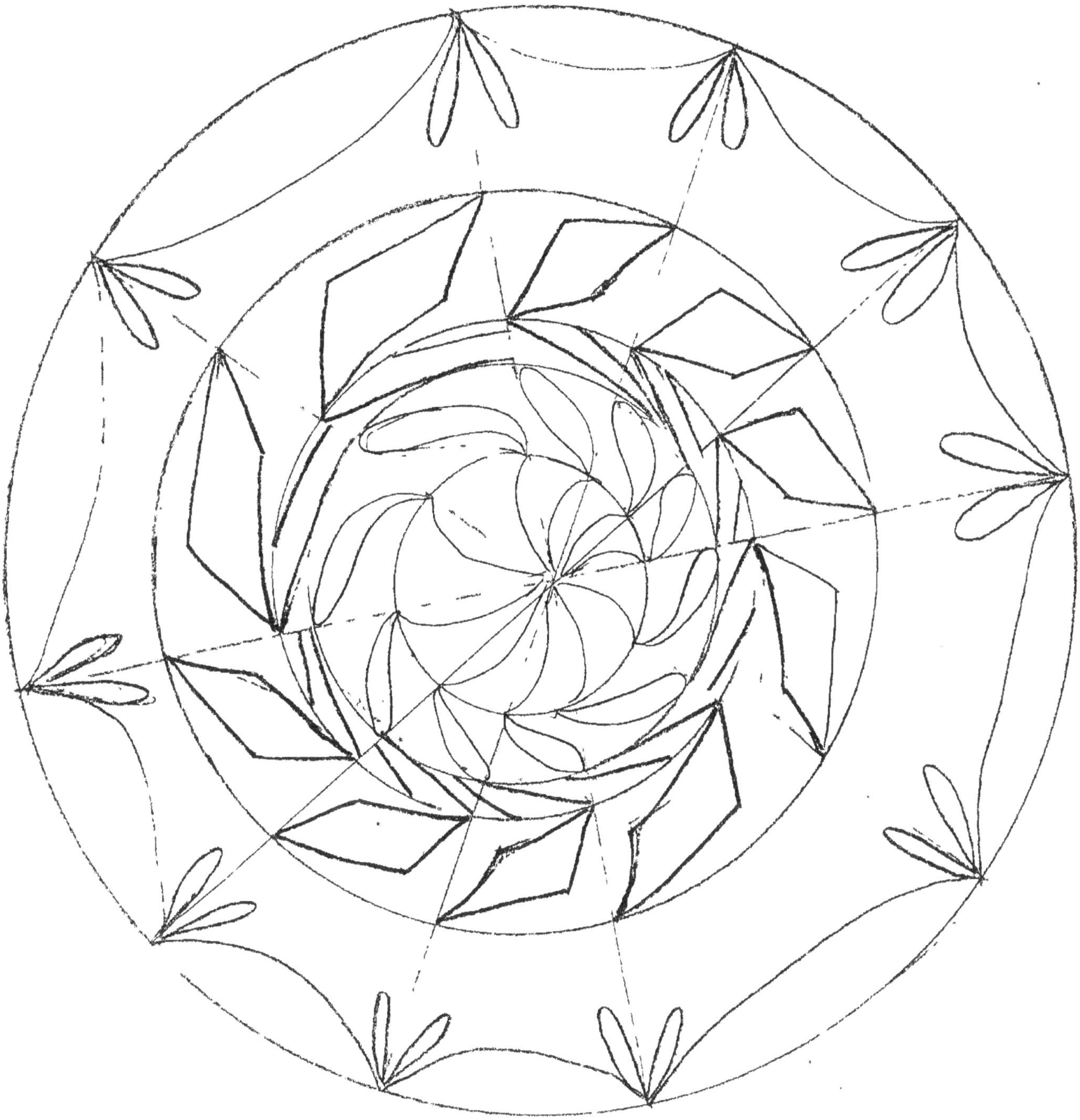

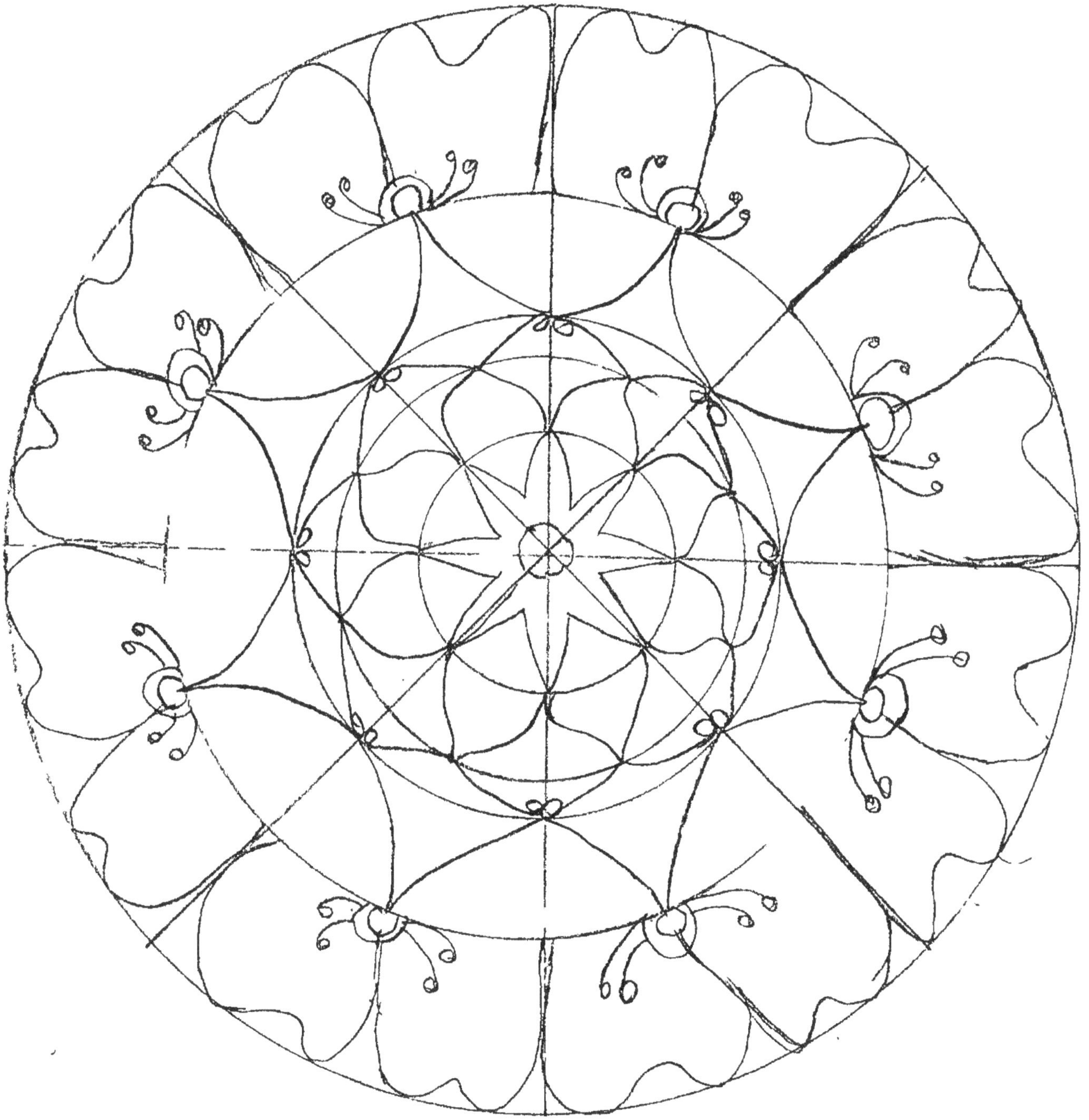

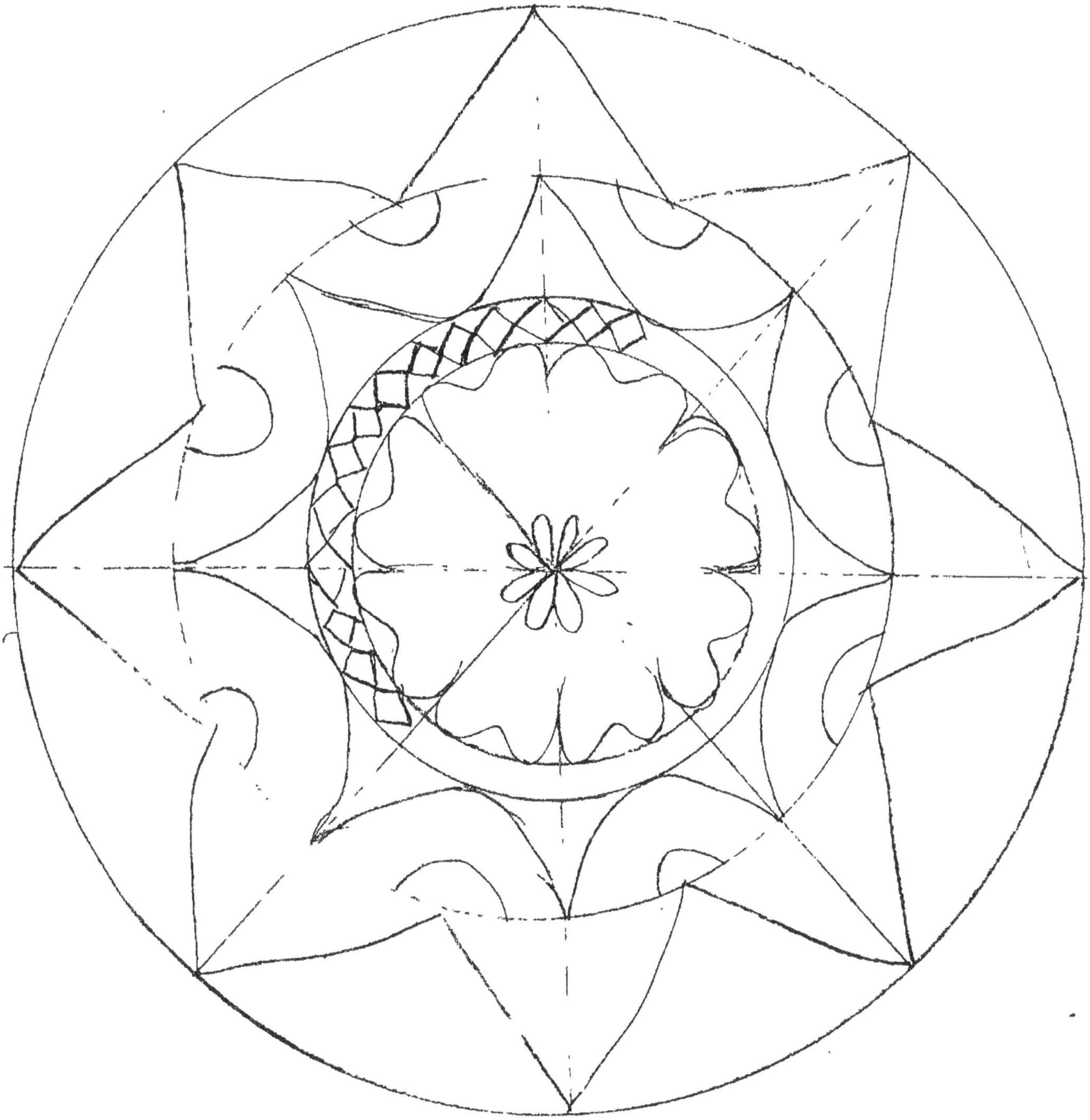

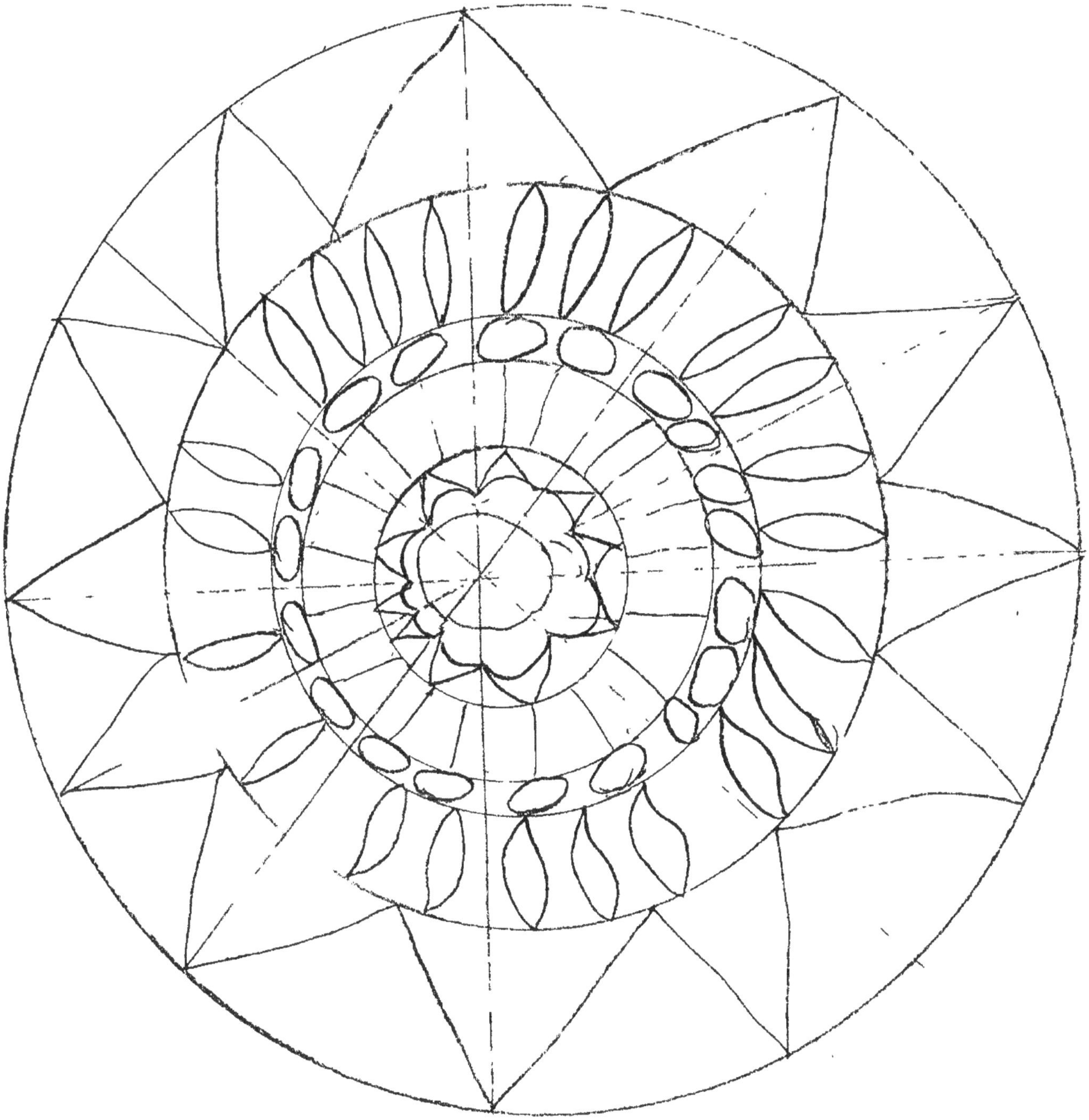

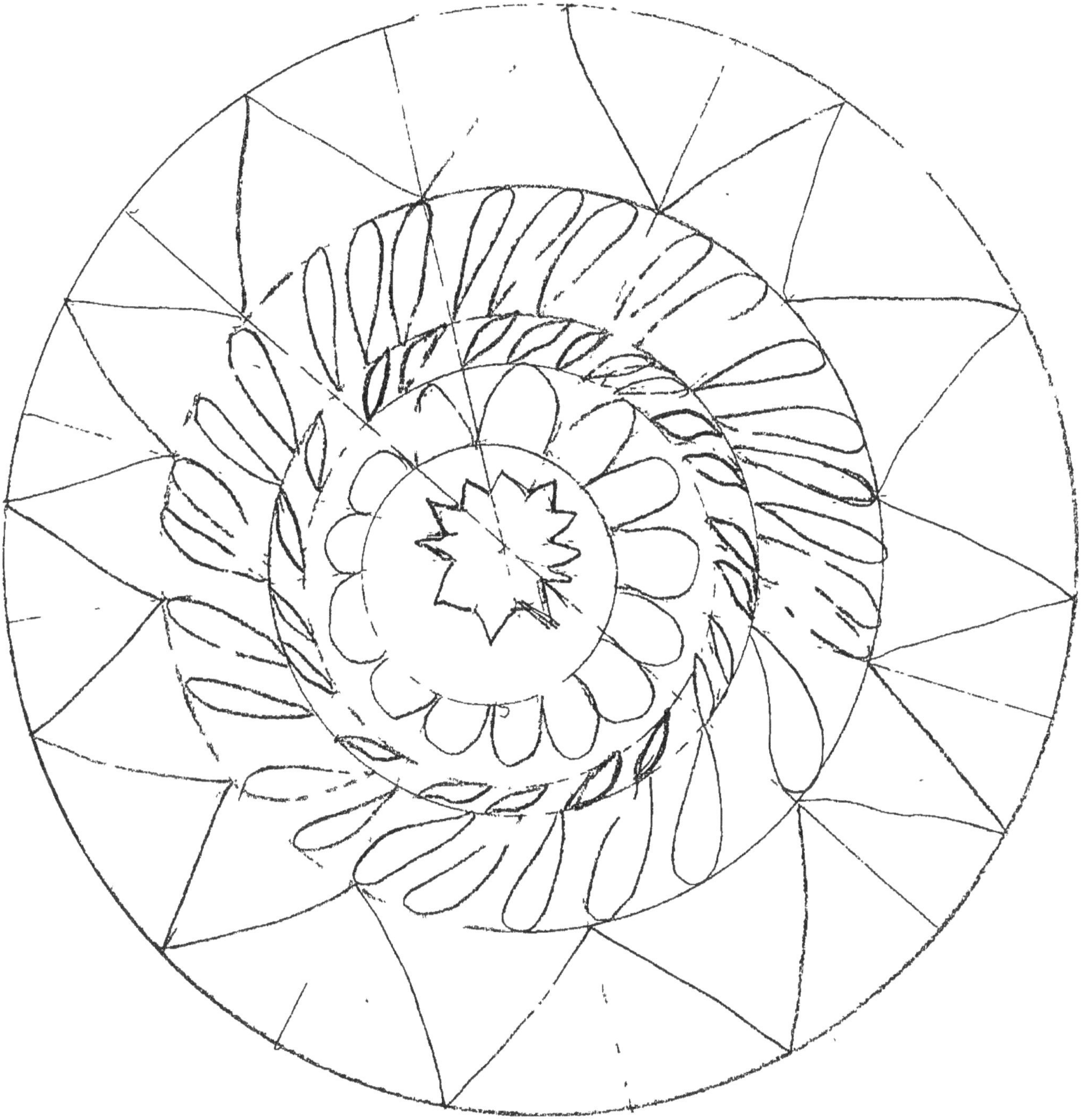

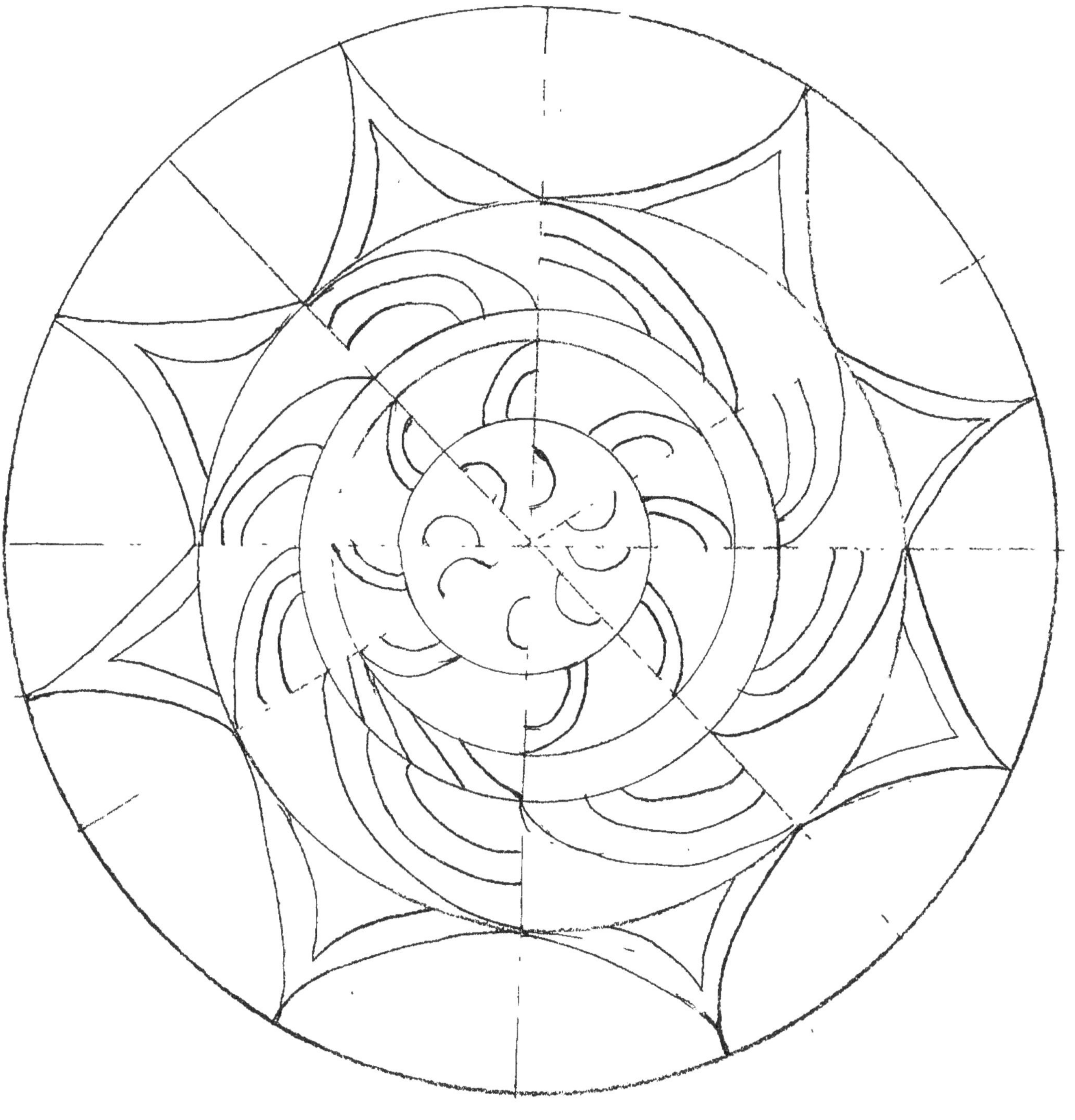

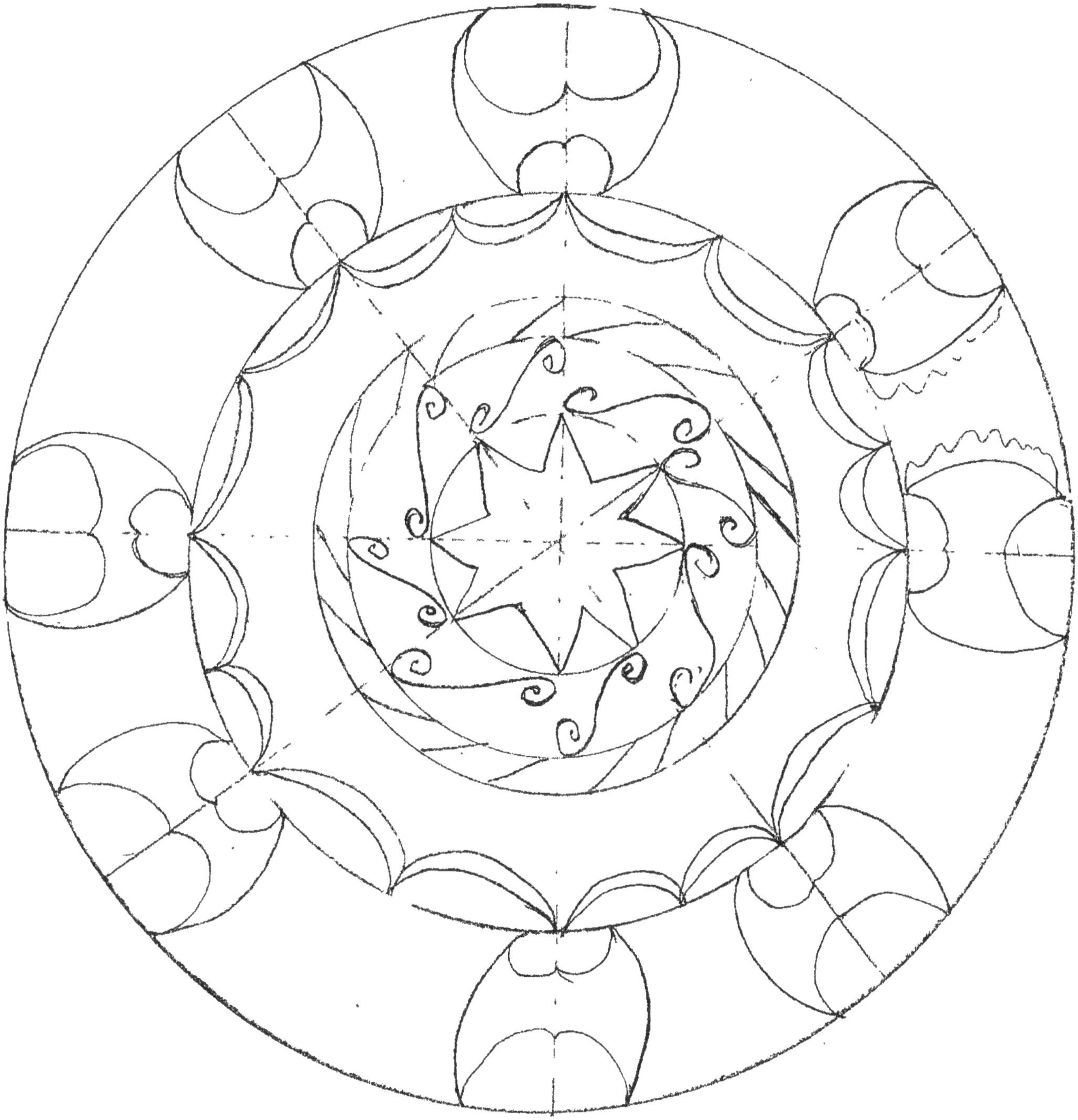

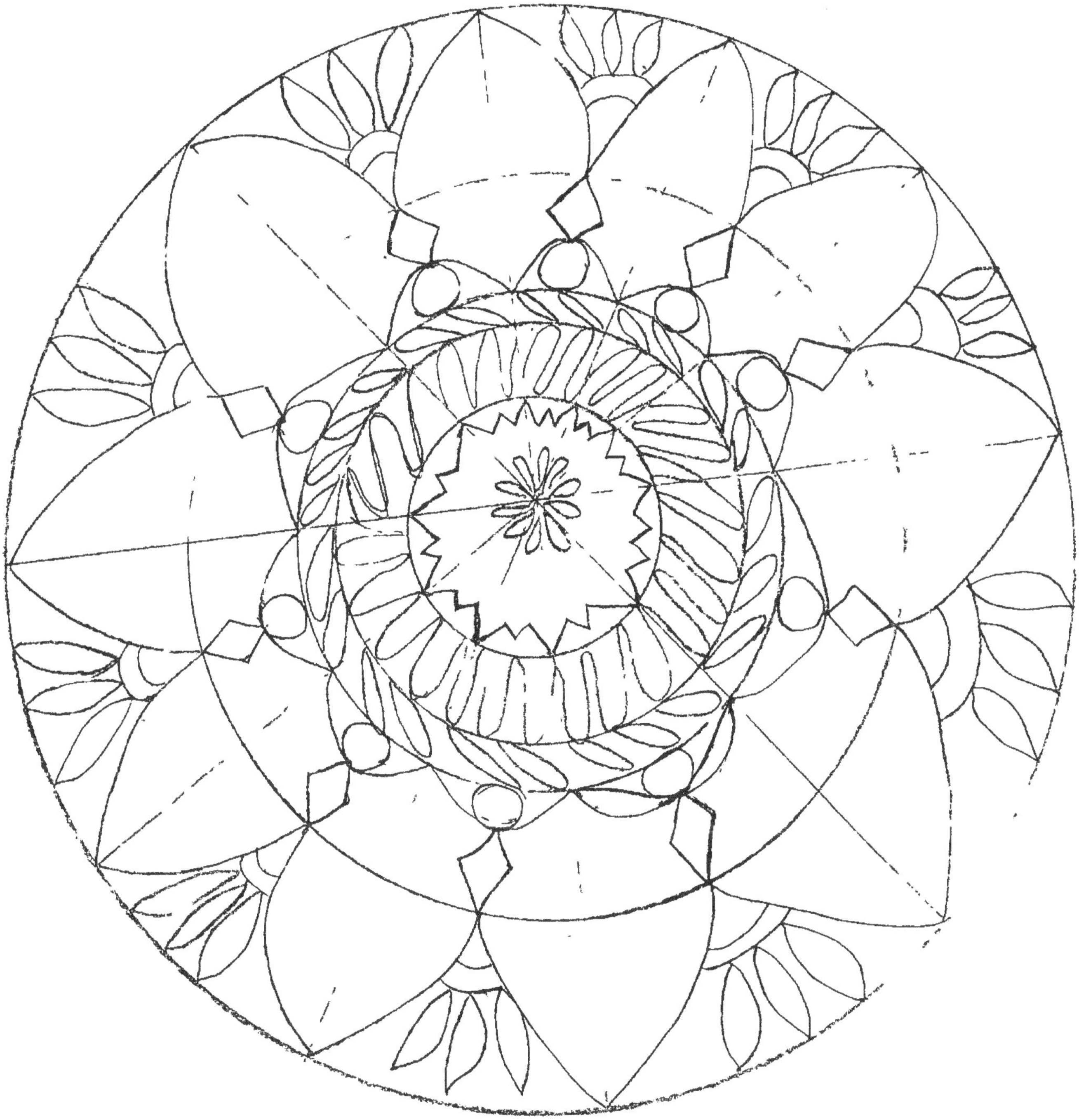

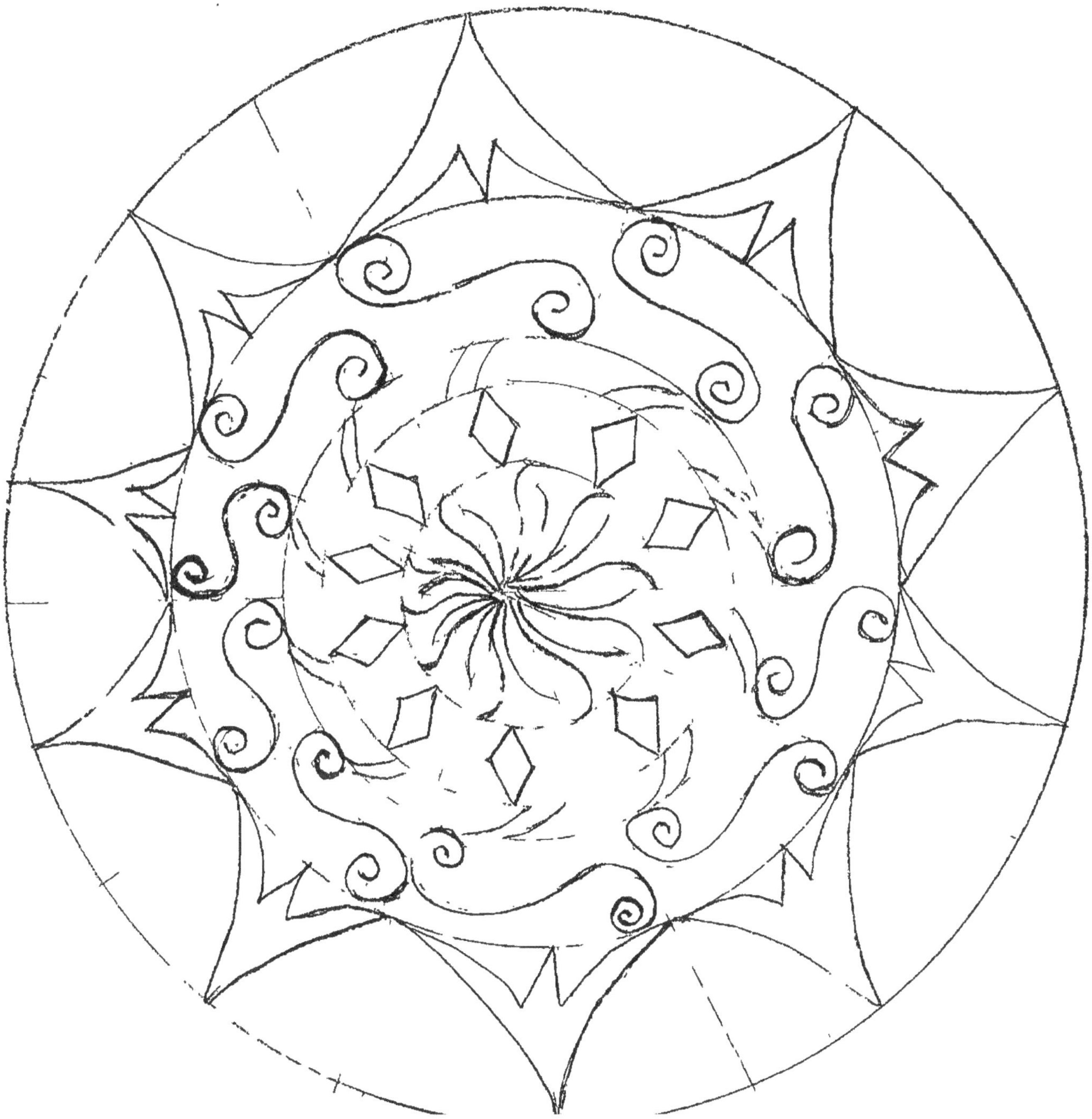

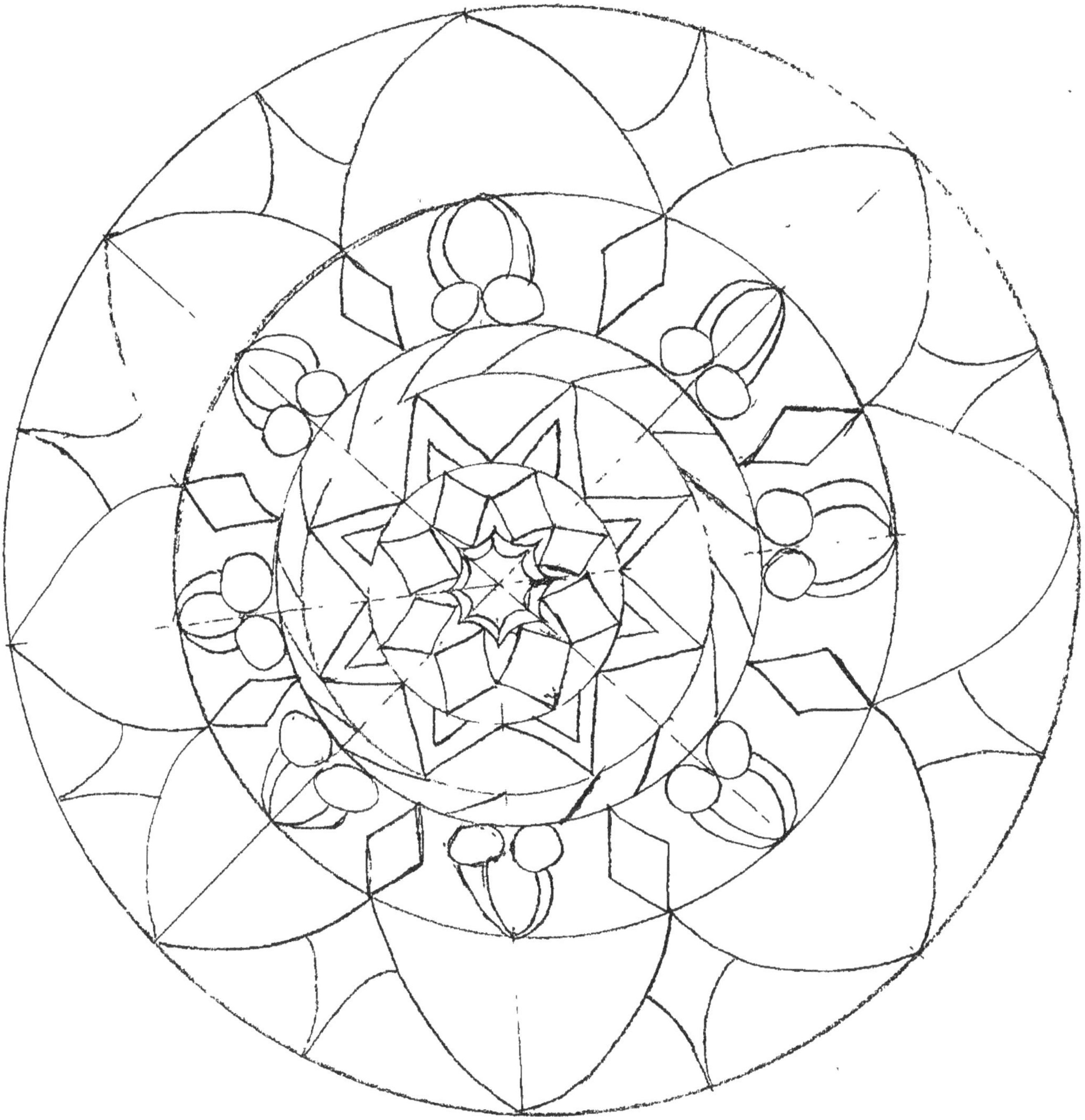

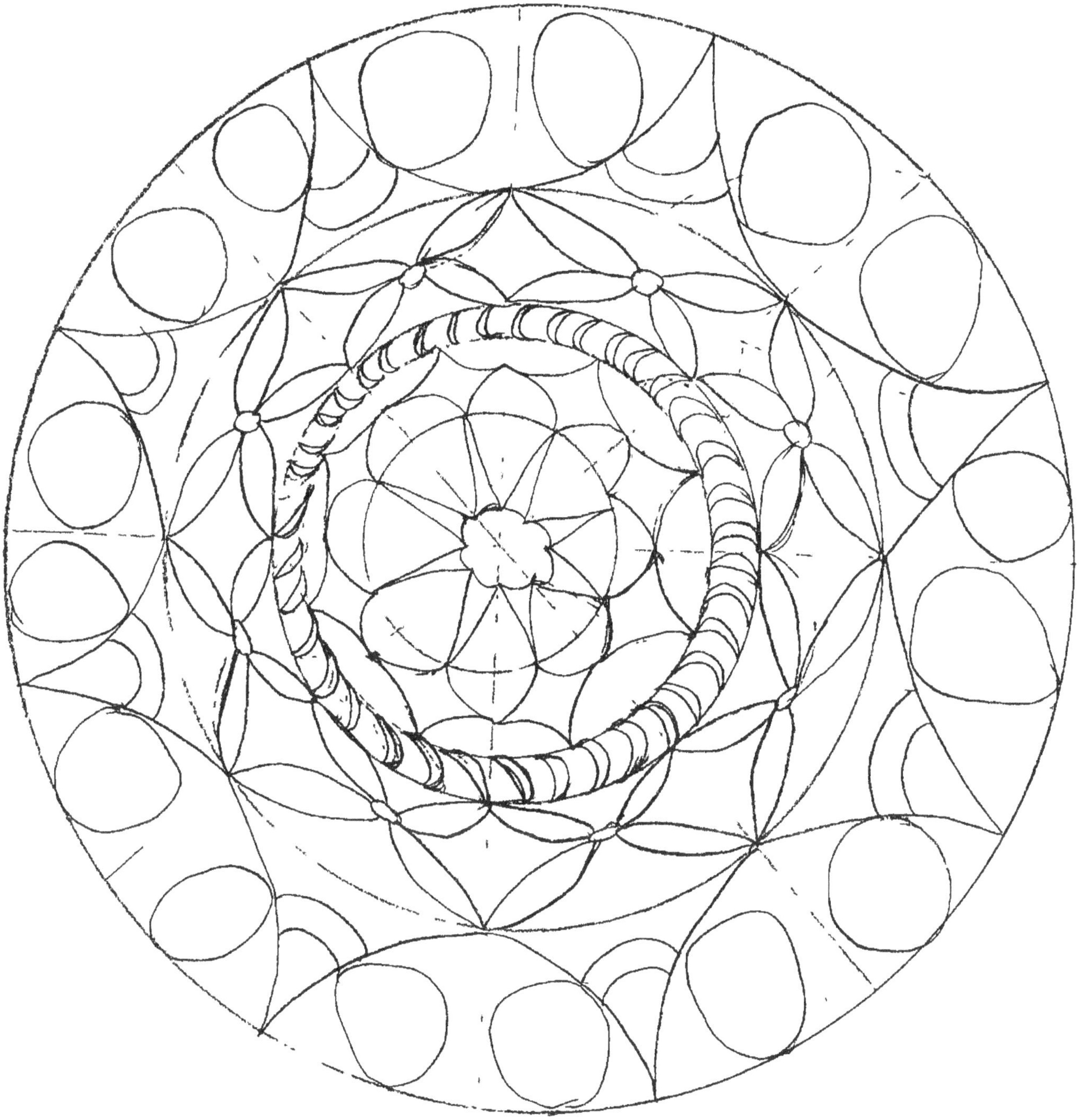

OOO

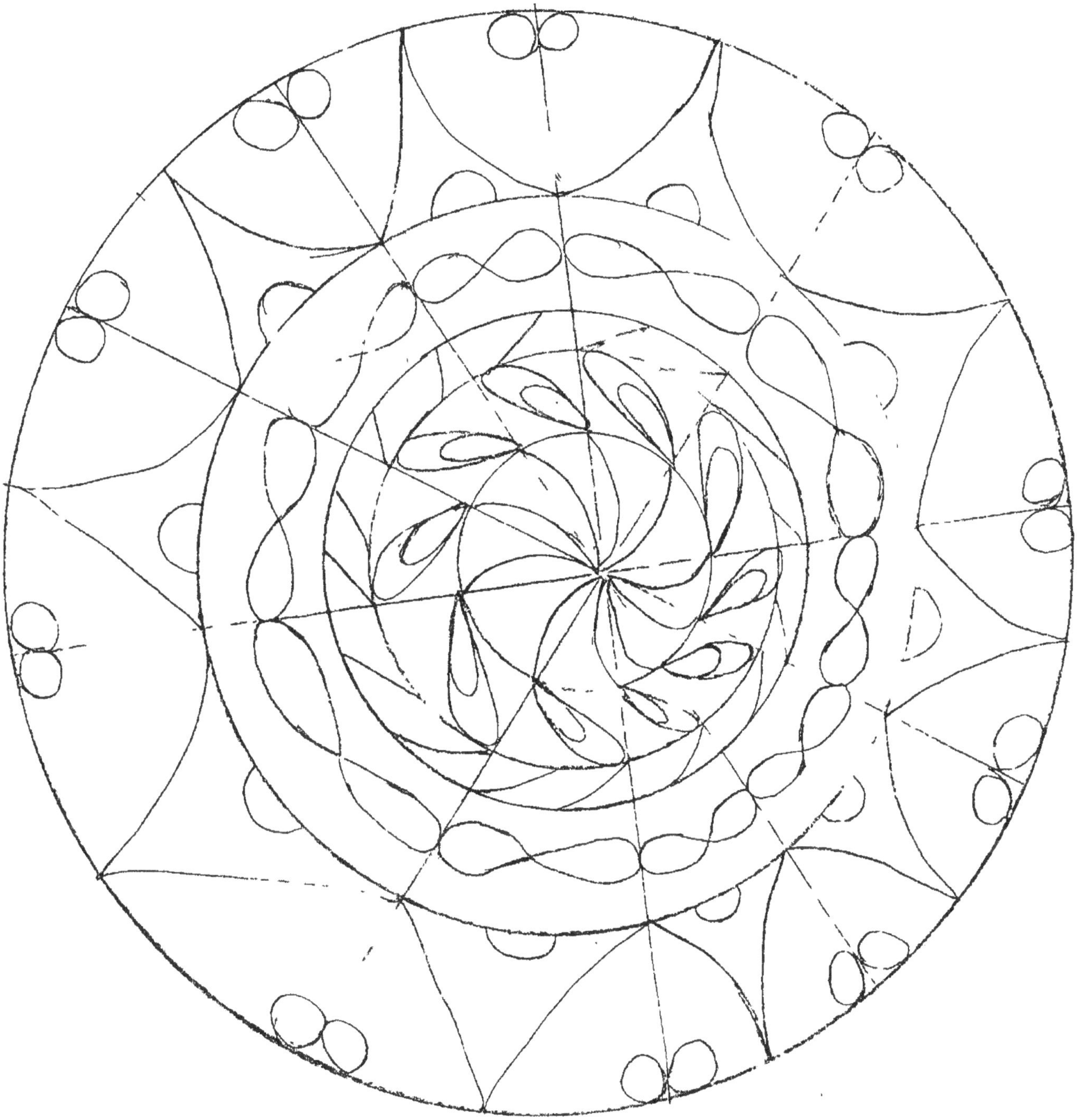

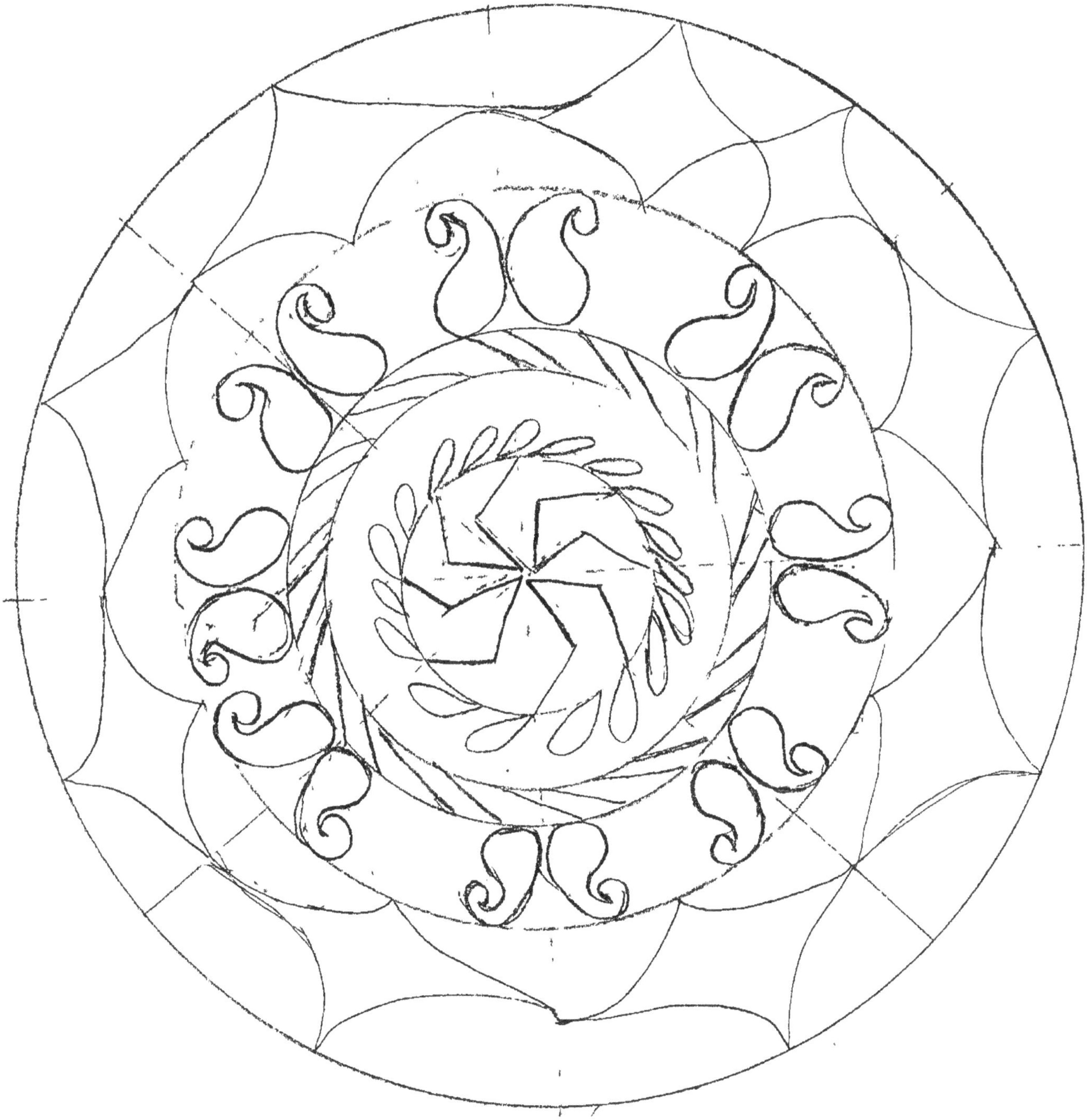

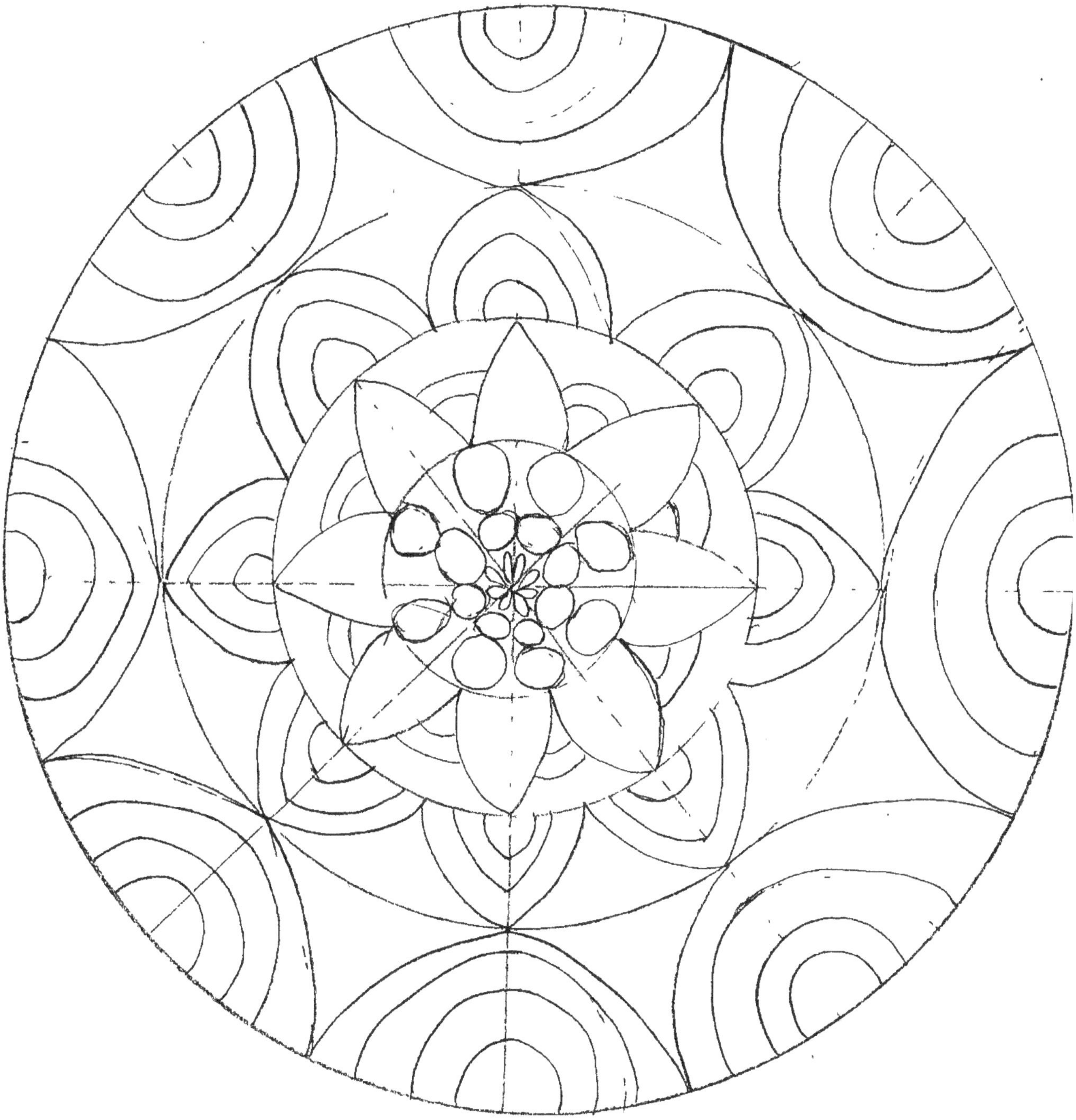

OOO

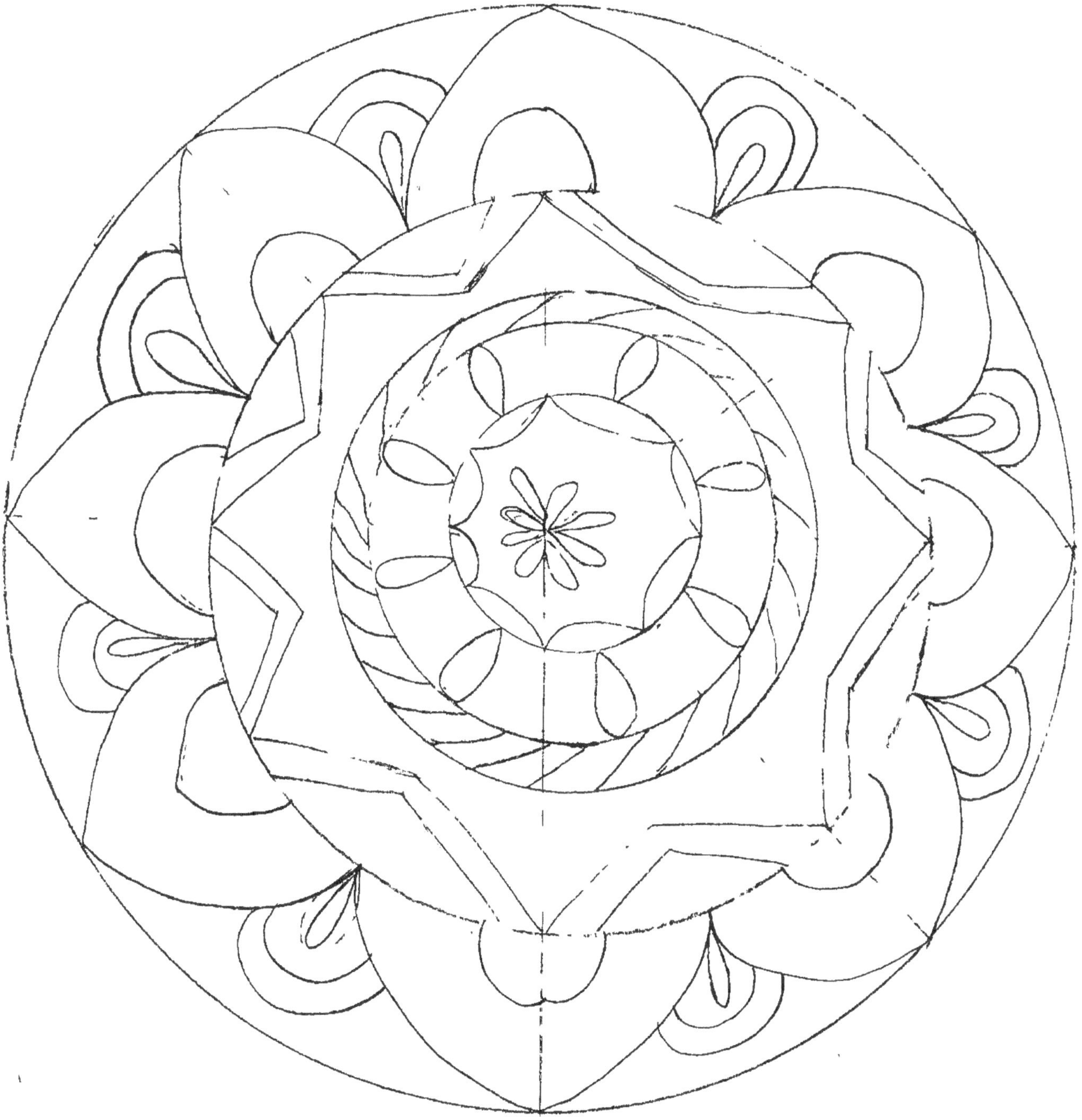

OOO

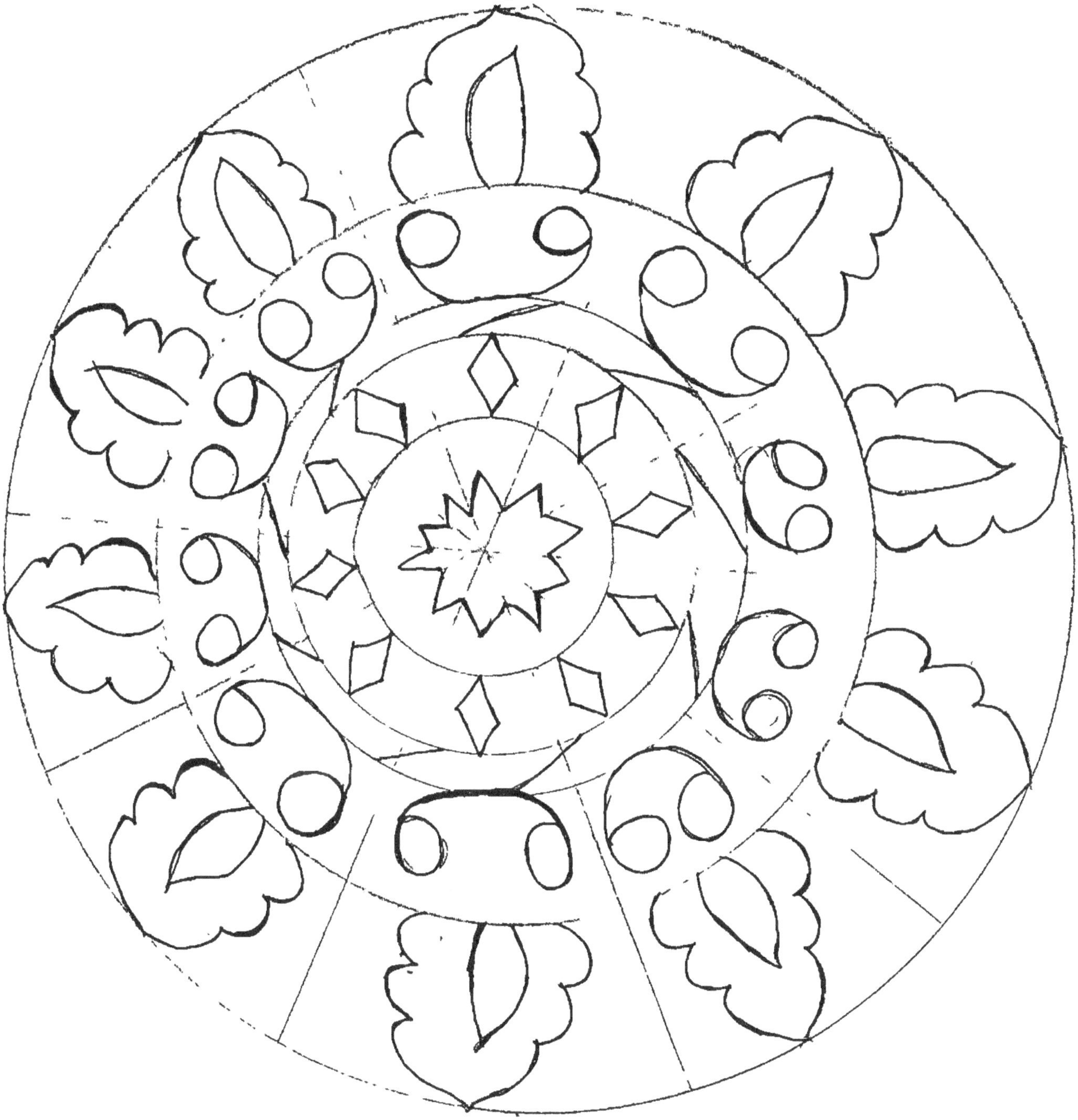

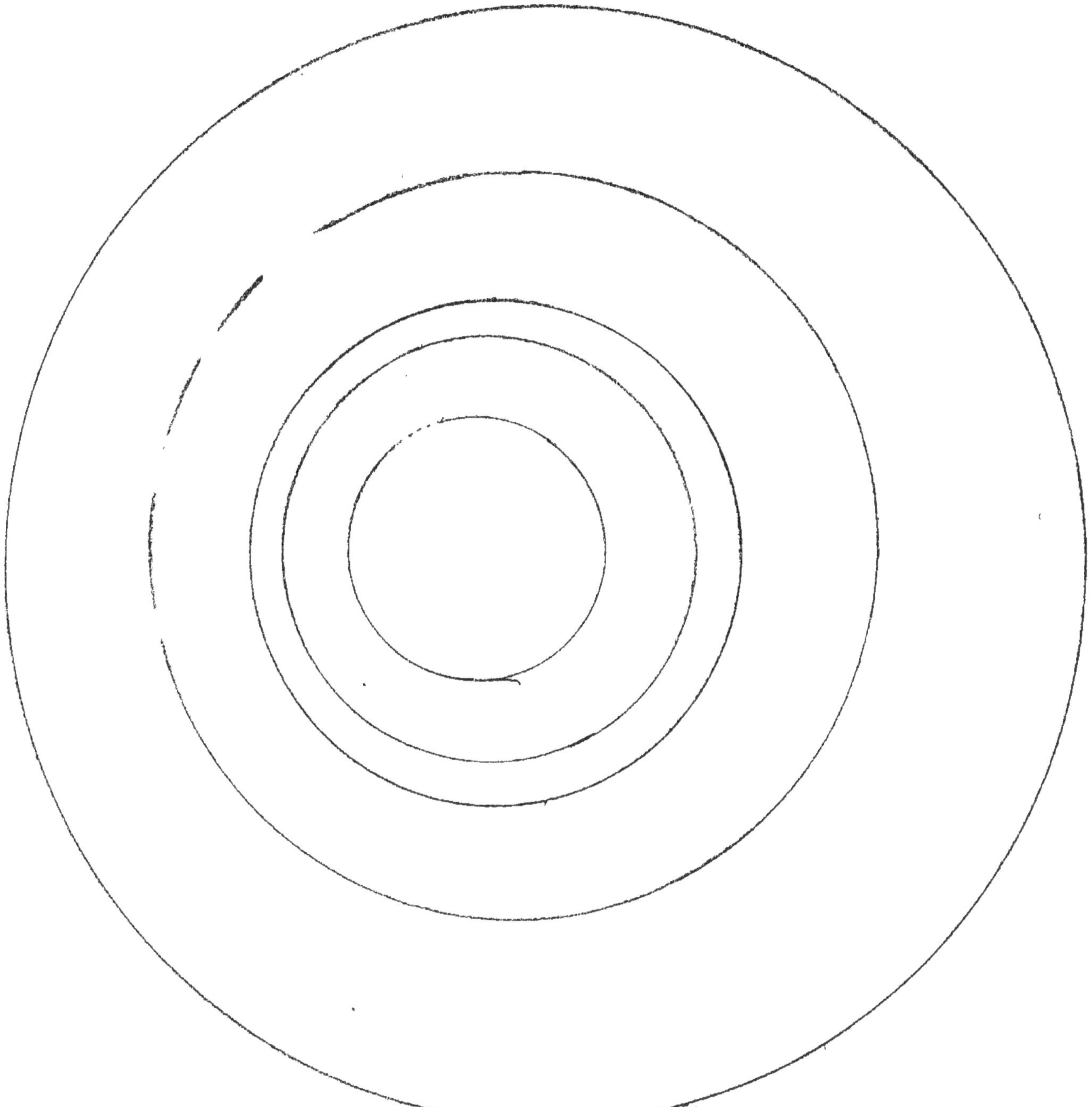

ooo

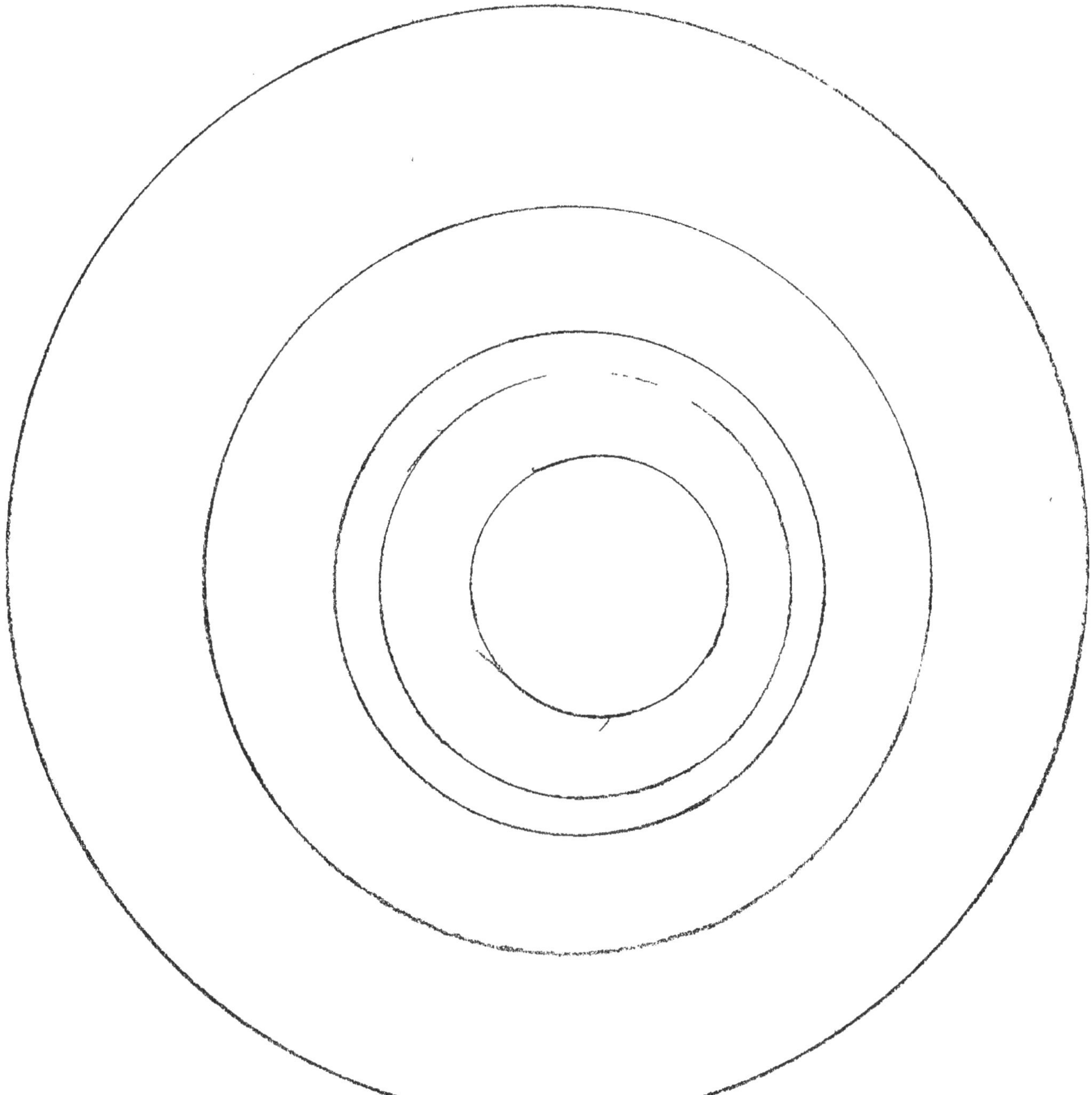

ooo

ooo

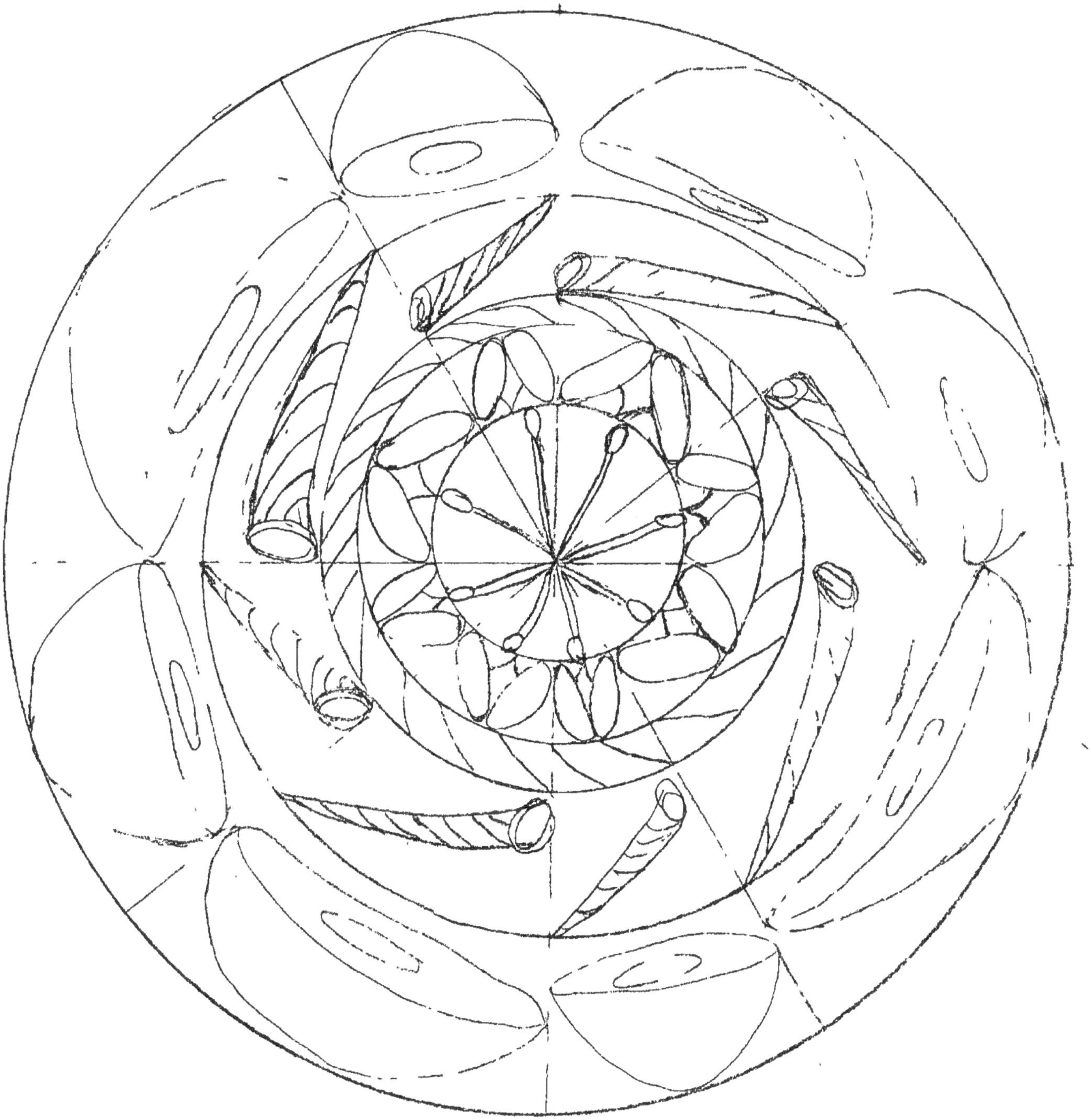

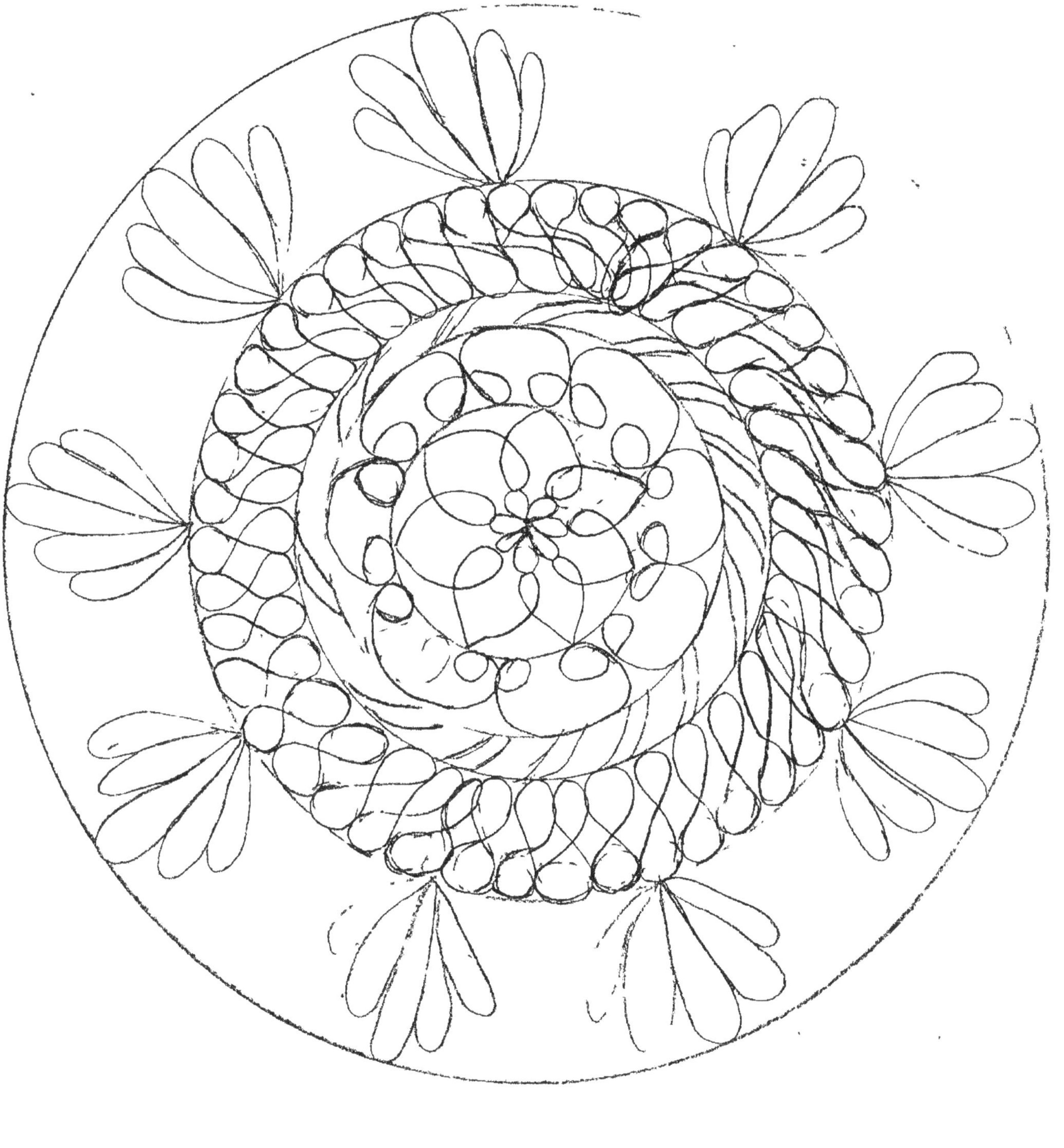

OOO

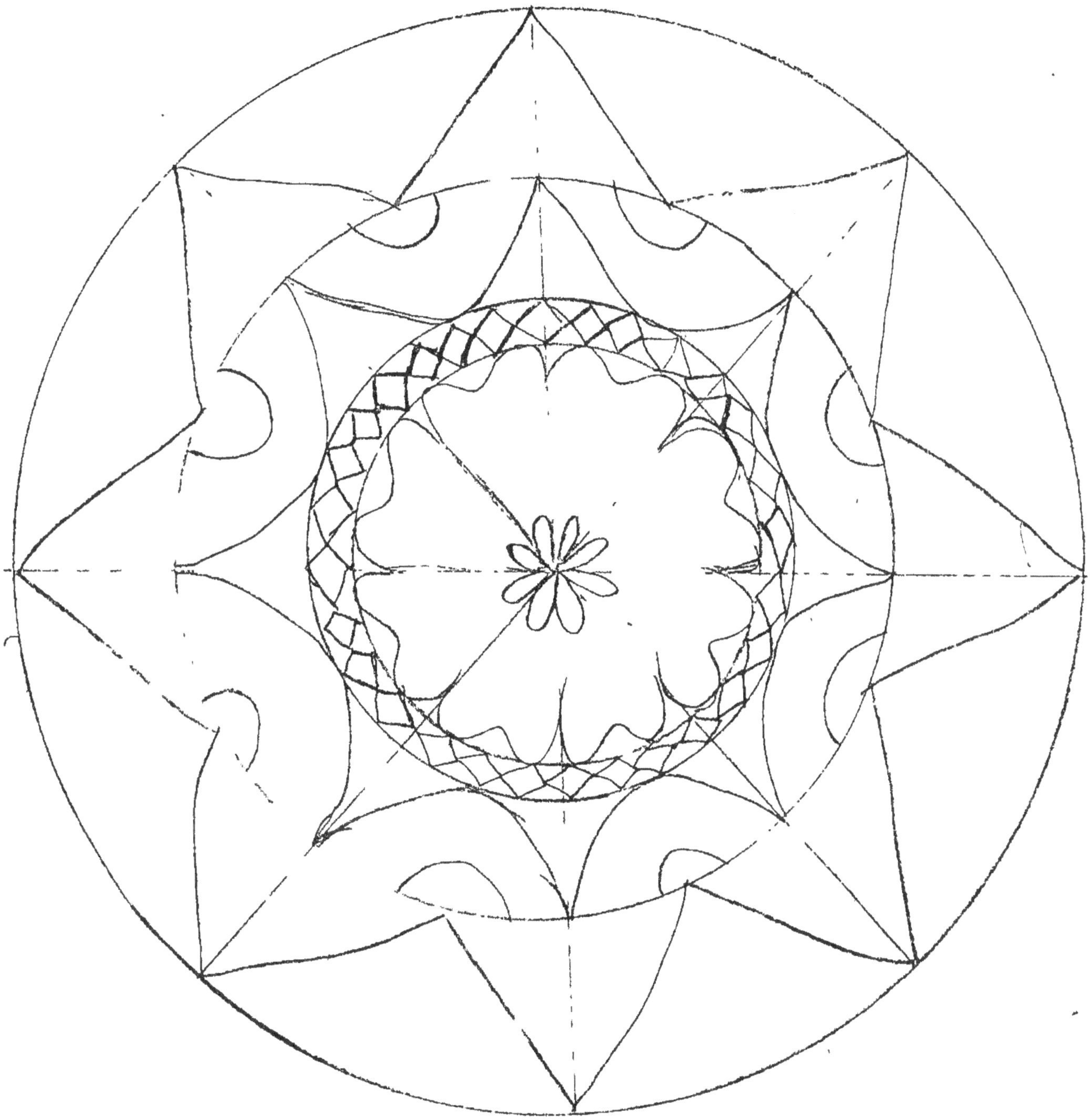